U0539315

柳田國男

那些形塑社會與信仰的日常儀式

日本的祭典

目次

序

昭和十六年（一九四一）秋天，東京某大學[1]設立了「全學會」，在這個全校共同參與的學術活動中，我受邀到教養部為學生講授一場名為「日本的祭典」的課程。台下坐著的，多是來自理工、農學與醫學院的學生，文學院的學生反而不多。正因為如此，我特別思考了講話的方式，希望能讓這些平時較少接觸這類主題的年輕人，也能產生興趣並有所收穫。

在現代的日本，從小學到大學，幾乎沒有機會聽到這樣的講座，甚至有機會把「祭典」當作一個探討課題去思考的人也非常少。然而，我始終相信，不久的將來，這將成為全國上下共同研究的重大課題。因此，讓這些年輕人現在就開始培養健全的常識，是非常重要的準備工作。而且他們是最理想的聽眾，因為年輕的頭腦充滿推理的敏銳與求知的熱情，更保有一張如同白紙般純淨的感受力。

1 東京帝國大學。《日本的祭典》一書，是以一九四一年柳田國男在東京帝國大學全學教養部開設的教養特殊講義中所做的演講為基礎而成。

2 肥後和男（一八九六～一九八一），歷史學者，曾任東京文理科大學教授。他在近畿地方展開「宮座」的調查研究，著有《近江的宮座研究》、《宮座之研究》等，奠定宮座研究的基礎。

3 井上賴壽（一九〇〇～一九七六），曾任教其實，「日本的祭典」並非向來無人關注。除了專責管理祭典的神職人員之外，民間的紀錄也越來越詳盡。像是肥後[2]的《宮座的研究》，以及同時期，山城地方的井上賴壽[3]在《京都古習志》中詳盡描述京都村落的古老習俗，而大和地區的辻村好孝[4]更將他的田野調查連載在雜誌《磯城》上，並且即將彙整成書。此外，播磨與但馬地區的西谷勝也[5]以及越前的齋藤優[6]，也都陸續發表了不少寶貴的採集報告。這些研究大多從過去的文化中心地區開始，逐步擴展到更遠的地方，這樣的趨勢真是令人欣喜。

如果有志於研究這個領域，光是翻閱過去的紀錄，就會發現資料豐富得超乎想像。近年的雜誌，如《民俗藝術》或《旅行與傳說》，裡面都有非常可靠的報導；而松平齊光[7]主編的專業期刊《祭典》也已經發行了，更不用說，地方的郡誌與町村誌裡，幾乎都會記載至少一則與祭典相關的紀錄。當然，若與全國各地無數的神社數量相比，這些還只是冰山一角，但單從資料的累積來看已經相當可觀，足以讓人感受到它的豐富與多樣了。

將這些資料加以整理分類，進而揭示日本祭典的現狀，本來就是

於京都府立第二中學等校，並以山城地區為中心調查宮座與講。之後接受京都府立綜合資料館的委託，參與對東寺百合文書的調查，著有《京都民俗志》等。

辻本好孝（一九〇四～一九五五），一邊擔任奈良縣《朝日新聞》的地方記者，一邊調查磯城郡的各項祭典，並將調查結果連載於磯城郡鄉土文化研究會會誌《磯城》中，後於一九四四

專家的工作。而要讓未來活躍於其他各領域的人們，對於國家固有信仰擁有基本的認識，就得準備一份充分且精煉的概要。

這份概要，理想上應該是只要聽過一次就能記住並加以思考的內容，也必須是值得記住、值得深入思考的內容。如果只是堆積大量資料，反而會澆熄這些人原本的求知欲，甚至讓他們感到無從下手。正因如此，我一直擔心這篇文章會不會已經太過冗長了。同時，我也不免自問，這樣的內容究竟是否符合一份「概要」應有的條件呢？

當專家想要分享自己所掌握的知識，往往不自覺地將自己所知的一切全盤傾出，卻忽略對方真正需要的是什麼。這樣的風氣在學術界並不罕見。或許一方面是因為，專家誤以為「這種程度的事情，應該隨便講講就懂了吧」，這是將自己的知識水平當成對方的基準而犯下的錯誤。

另一方面，或許也是出於好意，想讓對方多學一點，哪怕只是多一分都是好的。然而，最主要的動機，恐怕還是想讓對方安心，覺得自己面前的這位專家果然可靠，於是毫不懷疑地接受他所說的一切。

年彙編成《和州祭禮記》出版。

5 西谷勝也（一九〇六～一九六九），曾任職於兵庫縣加古川西高等學校，並進行各地的田野調查。特別是對兵庫縣內的研究成果，後來整理為《季節的神明》一書出版。

6 齋藤優（一九〇一～一九八八），一九三〇年到一九三七年，接受濱田耕作與梅原末治的考古學指導，主要在福井縣進行調查研究，戰後成為該地區考古這種帶點學者特有的虛榮心作祟，確實不容否認。

而我呢，至今不過是個單純熱愛民俗文化的普通人，既沒有什麼非得向世人宣揚的堅定主張，也總是帶著困惑在摸索。因此，面對年輕人，我的態度向來是：「從大量最可靠的事實裡，大概只能歸納出這樣的結論吧！你們覺得如何呢？」這種帶著問號的語氣，或許反而更適合與年輕人對話。因此，在這本書裡，我也反覆強調：「這只是一種看法而已，千萬別輕易照單全收喔。」甚至刻意重複到讓人覺得有點好笑了。

我真正想傳達的，只是希望大家能意識到，這是我們整個民族都無法迴避的重要課題；而只要我們願意認真面對，積極思考解方，所需的知識與方法其實已經具備得差不多了。只要時代繼續推動，這門學問也一定能不斷向前發展。

然而，這樣的目的究竟達成了沒有？老實說，我的心意雖然真誠，卻深感自身能力遠遠跟不上理想。

特別是最後的兩個章節，原本預定要公開講演，卻因故臨時取消，最後只能將事前準備的講稿重新整理，潤飾後收錄其中。因此，或許

學的推動者。似乎對民俗學也抱有興趣，曾於雜誌《南越民俗》上記錄福井縣今立郡一帶稱為「行」的祭儀活動。著有《若狹條里研究》、《半拉城與其他史跡》等書。另，一九三〇年代後期至一九四〇年代初期，有人以「齋藤優」之名於《飛驒人》、《民間傳承》、《旅行與傳說》等雜誌發表關於越前地區的文章，不確定是否為同一人。

7 松平齊光（一八九七～

在說明上仍有些不夠周全之處，這點我自己也有些遺憾。

昭和十七年十一月
柳田國男

一九七九），曾任東京都立大學、明治大學、東海大學教授，專攻政治學，特別是歐洲政治思想史。一九三一年前往法國留學，受法國社會學派影響，開始研究三河地區的「花祭」，返國後，組織「祭禮研究會」，親自前往各地參觀祭典，並將觀察紀錄發表於自己編輯出版的雜誌《祭典》上。著有《祭》、《法國啟蒙思想的研究》等。

1 學生生活與祭典

一

我們這一輩人的學生時代，距離各位已經超過四十年了。或許不少人一開始就認定：「都隔這麼久了，現在還能有什麼共同話題呢？」會抱持這種態度也無可厚非，畢竟光從表面來看，時代確實已經完全不同了。

不過，真正值得思考的，是這些變化究竟延伸到哪裡？影響到多深的層面？若從內在來看，其實不只是明治時代，甚至連跨越江戶三百年，再往前追溯到平安時代的學生生活，其中或許都還存在著一些相通之處。至少，我們不能斷言古今學生生活之間，完全沒有任何共通的社會背景。

當然，從古到今的變遷，是歷史研究的重要課題；但另一方面，歷史也告訴我們，千年來貫穿始終的某些核心，並非時間一過就必然消失。這種提醒，讓我們不能輕率地認為「時間會改變一切」，而這正是歷史這門學問所帶來的深刻啟示。

這種最低限度的歷史感就算稱不上完整的知識，至少應該形成一種觀念，一種面對歷史學問的基本態度。這種態度，無論未來專攻哪個領域都是不可或缺的，就像今天大家都覺得數學與生物學不可忽視一樣。

以我自己為例，小時候在普通教育裡學到的數學既少又不完整，導致我一輩子都無法理解「精確」的真正意義。每當需要精密計算，我只能憑著母親傳給我的那點生活機靈，靠著「差不多」或「大概這樣吧」的直覺來補救，結果經常白白耗費心力。

這種遺憾，難道不也發生在歷史的學習上嗎？如果從一開始就沒人教我們「如何思考」，那麼我們根本連想要思考的念頭都不會有。能夠回頭省思這一點，本身就是一段難能可貴的人生修練。

說到這裡，我反倒有點好奇，大家今天來聽這場講座，是懷抱著什麼樣的期待呢？這點我無法猜測。不過，站在我的立場，倒是想先在這裡說明一個坦率的動機。

簡單來說，就是「還有很多我們沒真正意識到的事」。但只要現在開始留意，這些事或許還來得及慢慢明白。如果想讓歷史真正對人生有所助益，其實學習的方法就在眼前。

這種願意自我歸零、重新學習的喜悅，如果可以，我也很想跟大家一同分享。

二

今天，對過去進行解釋與批評的行為已經蔚為風潮，然而，這些評論者並非全是澈底了解歷史真相的人。更何況，他們所批評的對象都是那些早已沉默不語的古人。古人無法抗議，也無法為自己辯解。這種對於無從申辯的過去隨意下判斷的行為，不僅不公道，更是自己的莫大損失。

把國家推展到今天這個局面的力量，不論我們喜歡或厭惡，它的根源，無一不是來自過去，來自那些曾經生活過的人們。至於過程中是否出現過什麼關鍵人物，那倒是其次。真正不容忽視的，是整體國民的生活方式與思維態度。這樣的集體意識與行動，怎麼可能與歷史的走向毫無關聯呢？

而這股力量究竟是如何推動的？它又是經歷了哪些轉折才走到今天的結果？這條歷史軌跡，只有當它逐漸清晰之後，才能成為我們規劃未來的參考依據。

如果這個過程無法釐清，就算我們把理想定得再高，也無法掌握該怎麼一步步走近那個目標的途徑。回顧過去，我們其實只是憑著直覺與運氣，隨手朝著模糊的方向開了幾槍，並未真正細心瞄準，更談不上深思熟慮。

歷史原本是政治家的學問，如今卻成為全民必修的普通教育科目，這背後的用意其實不難理解。說穿了，就是希望大家比過去更聰明一點。

當前社會的混亂局面，背後的原因固然十分複雜，但再怎麼複雜，也不可能有無數個原因，而是少數幾股力量交織出來的結果。然而，憑我們現在的知識，還是無法澈底解釋這一切，甚至還會得出完全相反的推論。這說明了一件事——肯定還有很多關鍵是我們尚未察覺，或是不小心忽略的。

那麼，我們有沒有可能找到一個方法，逐一查明、毫不放過這些遺漏的真相呢？不，或許在那之前更應該回頭檢討，究竟我們探究前代歷史的方法還缺少了什麼？還有多少真正對生活至關重要的歷史知識，是我們還沒有機會學到的？

坦率面對這些問題，或許才是最好的開始。至少，我自己一直帶著這種反省的心情在學習。儘管至今收穫不多，我依然懷抱著希望，帶著愉快的心情繼續做學問。

今天來到這裡講課，也是因為我想找個機會，把這些想法與願意傾聽的各位分享。「日本的祭典」確實是個好議題，這背後蘊藏著重要又有趣的社會現象。不過，祭典也只是個例子而已。我真正的目的，是想和大家一起重新思考一個我們之間共同面對的重要課題——日本的傳統。為了具體落實這項思考，我選擇以「祭典」作為切入的話題。

三

從前，日本人並不特別厭惡歷史，尤其是從十九世紀開始，日本人順應著世界潮流，遇到任何問題總是習慣先從歷史中尋找線索，這種風氣也逐漸蔓延到了學生之間。然而，說來有些意外，學生們對自己的學生生活這段歷史，卻幾乎沒有人真正認真探究。或許因為這是每天都在經歷的日常，大家也就理所當然地覺得已經夠了解了吧。

把現在的學生生活與四十多年前我當學生時的情景相比，假如整體面貌已經有了天翻地覆的改變，那當然是件大事；反過來說，如果當中有某些東西無論如何都無法改變，那麼這部分應該也會引起大家的興趣與關注吧。畢竟，我們的生活環境，也就是包圍著我們的這個文化複合體的組合模式，從明治到昭和的這半個世紀，早已經歷了數次的劇烈變遷。而在這樣的時代變遷之中，假設唯獨學生生活還能保有一種獨特的風貌，那麼其中的原因，當然也值得深入探討。

近來偶爾還是會聽到所謂的「大學生氣質」，這種氣質據說還會因國家不同而呈現相當大的差異。對我來說，這或許是源自於各國不同的社會條件所造成的。例如，每個國家都有一些家庭，無論如何都希望子女念到大學，而在過去，這類家庭往往帶有明顯的地域性或偏向性，這種背景自然也就影響到學問的風格，甚至影響到年輕人的生活型態。當然，這只是傾向上的差異，並不是說整個國家的情況皆完全一致。然而，某種特有的風氣或傾向一旦形成，想要輕易抹去可沒那麼簡單。正因為如此，哪怕到了今天的日本已經是一個只要有能力就能自由接受高等教育的時代，那種來自前世紀的「書生風」仍然頑強地留存至今。

不過，光是我們開始意識到這件事，就已預示著一場新的轉折。說不定，以這個世界大動亂的世代為分界線，大學生活也將迎來一場重大變革，未來的回顧與追溯只會變得更困難。也有可能這個變革時刻其實已經來臨，而我們正好站在這個微妙的過渡期中。無論如何，一旦某種國民性或特質誕生，甚至延續相當長的一段時間，我從不認為它將永恆不變。反而正是因為我預感到一場變遷即將到來，才更覺得有必要趕快把眼前的真實樣貌仔細記錄下來。

四

近年來，我時常聽到一些批評，認為大學教育不應該淪為職業訓練。然而，回顧日本的歷史就會發現，學問自古以來其實就是一種職業教育。早在很久以前，像是大江家、菅原家這樣的家族，就被指定為「學問之家」。出生在這些家族的子弟，只要天生資質不是太差，就必須走上做學問的路。而且，當時社會對學問的需求本來就不多，外人根本無從插足。因此，像吉備真備[1]或源順[2]這類的「外來人才」，只能說是極為罕見的例外。

這樣的封閉狀態，延續了相當長的一段時間。歷史上，每當日本的學術發展出現衰微現象，往往就是這些傳統學者家族中缺乏優秀人才的結果。當然，也許還可以從經濟條件來探討其中的原因。不過，即使到了外來者可以自由進入比叡山或興福寺等寺院修行與學習的時代，這些外來者當中，也沒有出現特別優秀的學者。

回頭來看，德川家康提倡文教這件事，的確是相當重要的功績。它的間接影響之一，就是讓學者的地位在全國各地逐漸受到尊重與需

1 吉備真備（六九五～七七五），奈良時代的學者與政治家，出身於地方豪族「下道臣氏」。七一七年以遣唐留學生的身分隨遣唐使赴唐，七三五年返國。之後擔任左大臣橘諸兄的政治顧問，七四六年獲賜姓為「吉備朝臣」。後來因不被藤原仲麻呂所容，遭到貶謫。七五二年再次以遣唐副使身分赴唐。歸國後於七六四年協助平

求，也因此，學者家族的版圖大幅擴展。然而，最初那些新加入的學者依然保有濃厚的「文人階級」色彩。他們把頭頂剃成圓形光頭，穿著簡陋的舊衣，與一般庶民保持著明顯的距離。

後來，木下順菴[3]主張這種區隔過於不合理，於是儒者們開始穿上和服正裝「裃」，梳起武士髮髻。但還是有不少老學究堅守傳統，遲遲不肯改變。在民間普遍的印象中，學者依然和醫療人員「醫者」、占卜師「易者」、風水師「驗者」、表演人員「藝者」一樣，都是頭銜中帶著「者」字的特殊人物。也就是說，一旦踏上這條路，就很難再回到尋常百姓的日常生活。這種特殊的學問養成方式，某種程度上至今仍留有殘影。

即使後來隨著「文武雙全」這個詞彙廣為流傳，武士或農民為了提升修養而走上學問之路，其中也不乏天賦異稟、深入鑽研的人，但這些人與真正「以學問為業」的儒者或學者之間，始終存在一道明確的界線。因為前者的學問，只是為了各自家業的附加價值；而後者，學問就是他們唯一的立身之本。這就是專業學者稱為「本職」，業餘的學問

定惠美押勝之亂，之後官運亨通，官拜右大臣、位列正二位。

2 源順（九一一～九八三），平安時代的官員、和歌詩人與漢學者。大約在九三四、九三五年間編纂了類似百科辭典的《倭名類聚抄》。九五一年，成為「梨壺五人」之一，參與《萬葉集》的註解工作，並編選《後撰和歌集》。為三十六歌仙之一，著有詩集《源順集》等。

人稱為「道樂」的原因，且這樣的說法到今天都還相當普遍。換句話說，這種區分的背後，其實蘊藏著一定的歷史淵源與文化基礎。

五

這樣的區別，越往歷史深處追溯，越是顯而易見。

首先，求學的方式與心態，本來就有著截然不同的樣貌。

武士的話，劍術、馬術、弓術、鐵砲等技能固然是必修，茶道、插花、音樂等風雅之事也可能順帶涉獵。而學問呢，頂多只是年輕時去老師那裡走一遭，學到一般人該懂的程度即可。真正願意持續鑽研到年老的，只有極少數特別熱衷的人。專程為了求學而遠赴他鄉，更是過去從未聽聞的事。

因此，像東北這種地方，如果剛好沒有好老師，大家也只好勉強跟著資質平庸的老師學習，自然無法提振整體的學問水準。

農家的孩子因為不需要學武，反而有些餘裕可以把青春時光花在讀書上，稍微富裕的家庭還能把兒子送到外地求學。不過，這件事背後，往往帶著「讓孩子見見世面」的用意。就算真要繼承家業的年輕人，最多也只出門個一兩年而已。其餘的，便只能靠自己努力自學。

當然，也有一些人透過自學，逐漸磨練出相當的學識。但是，當人生進入壯年，家業的重擔就無法忽視，學問便不得不中斷，往往要等到身心稍稍輕鬆下來才再度拿起書本。那些鄉里間有名的博識之人大多屬於這一類。

也有人是為了爭取更多的讀書時間而提前讓位隱居，或是乾脆把家業交給弟弟，自己遠走他方。這種情況雖然偶爾聽聞，但終究是少數的特例。

許多家族的家主，小時候都是到傳統私塾去學習，主要是練字與基礎讀寫，偶爾也會接觸一些書本，但是，大家對於孩子成為「學者」這件事心存警戒，普遍傾向讓孩子盡早結束學業，回到家中接手家業。這是因為大家普遍認為：「百姓讀書無用」、「商人讀太多書會胡思亂想」。儘管這些觀念常被年輕人痛批為守舊迂腐，但其實背後是有深厚歷史淵源的。

3 木下順菴（一六二一～一六九八），又名木下順庵，江戶時代儒學者。一六八三年起擔任幕府的儒官、將軍的講師，參與《武德大成記》的編撰。他是一位傑出的教育家，門下弟子人才輩出，成就卓著。

當時，人們把家業看得比個人幸福還來得重要。其實，這也不是全然剝奪了個人的選擇權。換個角度看，單憑一時興起就改變職業，對當事人來說未必是明智之舉。這種風險放到今天來看，依然稱得上是一場「冒險」。

事實上，正因為接受了正統的高等教育，反而與世代相傳的家業澈底割裂，最終漂泊無依、隨波逐流，甚至被時代的浪潮吞沒，這樣的人在近代已經越來越多了。

對那些視「扎根故土」為安穩之道的人而言，這樣的未知世界自然充滿危險與不安。然而，這種不得不走向未知的必要性，卻也一天天增加。因為，世事終究不可能停滯不前。

六

當人口逐漸增加，家庭中便出現了剩餘的勞力，也就是我們常說的次男、三男等非長子的孩子，如何安排這些孩子的出路，隨著時代演進，也在日本的社會歷史中經歷了相當重大的變化。

首先，如果比較古今的差別，可以發現過去分家另立門戶的情況相對稀少。只要周圍還有可開發的土地，父母便會出於對子女的愛，多付出一分勞力，好讓後來的孩子也能獲得一個獨立生活的機會。現在稱為「末子繼承制」的現象，多半就是源於這種背景。日本各地的漁村便有不少例子，例如信州[4]的諏訪一帶，父母會將新開墾的土地分別給長子與次子，結果末子自然就繼承了原來的家屋。

當然，也有相反的情況，父母帶著次男以下的孩子前往新拓的土地另起爐灶。說到底，兩者只是不一樣的分割繼承方式罷了。

即使在那些可開墾的處女地已變得稀少，或土地本身已經貧瘠的年代，仍有些地區，例如肥前[5]的下五島[6]，父母依舊墨守過去的慣例，並為此忍受極大的辛苦。

但是，如果土地資源已經枯竭了，那麼兄弟就只能住在一起，別無選擇，這便是所謂的大家族。從外在看來，大家族或許是一個強而有力的集體，但對其中的成員來說，生活條件卻不一定那麼理想。

這種情況雖然也衍生出幾種不同的安排方式，但最終常見的結局，

4 譯註：即信濃國，舊時行政區，約位於現今的長野縣。

5 譯註：舊時行政區，約位於現今的佐賀縣、長崎縣。

6 指長崎縣五島列島中，久賀島以南的諸島。相對地，奈留島以北的地區稱為「上五島」。

還是出現許多依附於本家的小分家不久便陷入貧困，幾乎可以說是注定的命運。許多父母親眼目睹這些令人心酸的實例，因此格外用心，設法不讓孩子走上這樣的道路。這份努力所留下的痕跡，至今仍可在地方風俗與制度中找到若干影子。

其中之一，便是所謂的「對等分家」。日本的分家制度分為新舊兩種，近世以後出現的分家大多發展得比本家還要興盛，因此本家與分家之間的關係通常不太好。在過去，即使有分家，通常也是搬到遙遠的新開墾地去另立門戶；在同一個村子裡蓋起與本家比肩而立的新房子，甚至讓人分不清楚誰才是本家，這種事在古代幾乎不曾發生。

再來，就是「招婿養子」的風氣，這也是其他民族少見的做法。這種制度大概也無法持續太久。像是西鶴[7]的作品，或是八文字屋[8]的通俗小說中，時常出現「帶聘金的女婿」或「花錢買繼承權的養子」這類情形，原本是基於招贅方的需求，可說是女性繼承制度的一種新設。不過，這種風氣的背後，則是出於父母不願讓家中的次子、三子等淪為佃農的心情。

接著出現的是各種店鋪業的增加，像是酒鋪、當鋪、肥料店、米店等等，很早就在村落中興起，此外，城市的發展更是令人驚訝，這一切都與日本身為海島國家有關。如果日本像大陸那樣四通八達，擁有可無限向外拓展的廣大土地，那麼農家子弟想必早就歡喜地朝那個方向發展了。

於是，另一種相對自然的解決方式，便是讓孩子根據各自的性格與資質去選擇農業以外的新技能。這其中，最新穎也最有文化高度的選項，便是「讀書成為學者」。當然，並非每個人都適合走這條路，大多數人是去當學徒，簽下「年季奉公」[9]合約，跟著師傅學習一技之長。

隨著社會發展，職人階層的需求日益增加，去商家當學徒便成為出人頭地的一條途徑。最平凡的是去農家打工，但這條路辛苦又賺不到什麼錢，即使熬過去了，最多也就是個窮苦小農。此外，以前到武士家當家僕還算容易，後來也逐漸設下條件，必須擁有某項特殊技能才能被錄用。

至於當學者，原本也只是為了取得這類職位的一種手段罷了。在這點上，學者與醫生、僧侶的定位其實不同。後兩者還可以直接面對

7 譯註：井原西鶴，江戶時代非常有名的浮世草子作家。

8 譯註：京都的一家書店兼出版商。

9 譯註：江戶時代非常典型的制度，指簽訂固定年限的勞動契約，幾年內提供勞動力，學成後才可以獨立或離開。

大眾提供服務，但學者若不在大城市，根本無法靠開業維生，這正是學者的困境。

七

學者本是一個受人景仰、值得尊敬的崇高地位，然而正因如此，要成為一名真正的學者，修行過程中的艱辛遠非其他職業所能相比。過去的學問之道，重在背誦記憶，且東方典籍浩如煙海，必讀之書何止千百，為此所需耗費的時間與精力，實在難以計數。

要能應付這樣的學問之路，天資聰穎自是不可或缺，更別說還得勤奮好學，以及能夠承受長期苦讀的精神與體魄。即使如此，最終無法完成學業的人依然比比皆是。有些家境優渥的子弟反倒無法突破這層難關，因為真正的書生生活其實並不需要太多的資金。

當然，生活條件上還是有所差異，有的人得自備口糧，也有人像是學僕一樣半工半讀，但總的來說，「富有的書生」本來就是極為罕見的。過去的書生，普遍特點就是骨子裡有著異常高傲的自尊，口袋裡卻總是空空如也。這樣的身影，如今早已不見蹤跡，但直到我的大學時代，仍然有年輕人晚上去拉人力車賺取生活費。

送牛奶兼送報，或是寄宿在別人家中打雜以換取白天短暫的上學時間，這樣的情況也很常見。年輕人如果能吃苦耐勞地完成學業，就會迎來一個不錯的職位，這樣的時代在明治年間持續了相當長的一段時間。

與維新之前的舊社會相比，人們離開傳統職業的門檻變得更低了。不僅是貧困人家的次子、三子為了把握時代變局而寒窗苦讀，甚至那些失去俸祿、無以為繼的士族，也將求學視為唯一的出路。更進一步，連那些原本應該繼承家業的長子，也明知這條路代表著轉行，代表著與土地的分離，卻仍然選擇這種上一輩的分家方式。

明治維新之後，新設的佃農制度讓地主階級漸漸成為與農業本身毫無關聯的閒人；再加上自由選擇職業的思想逐漸普及，這股潮流因此更加壯大。總之，這些年輕人當中，許多人毫不留戀與父母兄長一起過的農村生活，甚至連了解其中意義的意願都沒有。他們或許會帶著詩人的浪漫情懷，吟詠田園風光的歲月靜好，對於真正的農村生活，他們的內心其實充滿了冷酷的批判。

或許，「國家要迎向新時代」這件事，本就意味著必須接受這種意想不到的劇變。而無論如何，這裡確實存在著一條無法挽回的傳統斷裂。值得一提的是，這種轉變並非明治時代才突然發生，而是早在一兩百年前，這股潮流就已悄悄醞釀，逐漸推進了。

八

在我談論「日本的祭典」之前，我想先說明一下自己對於過去學生的看法。過去的學生完成學業後，應該會過著與常人不同的生活。從這一點來看，他們與醫生、僧侶等人有些相似。同樣地，江戶時代興起的城市商人和各類職人，也與這個狀況類似。他們不再需要繼承家族的傳統，可以放下家族的負擔，開創自己的生活。近世的官員、技師、教師等，也都屬於這一類，也就是說，他們選擇的，是不再能回到家鄉，或不再能繼承家族事業的職業。這與年輕時的見習或打工有著很大的不同。

當這些新興職業的數量仍然偏少，還能實現某種程度的同化。比方說，某個村莊裡只有一兩個穿著正式服裝的人，他們的存在並不會破壞村裡的和諧。所謂「入鄉隨俗」，這些新來的人不會成為對立的力量。與此相比，城市的發展較快，容易變得混亂繁雜。不過即使如此，仍然有伊藤仁齋[10]這樣的人，穿著正式服裝參與社區的井戶維護工作，讓附近的居民感到十分驚訝與敬佩。就算簡陋的長屋中住著一戶沒有固定工作的浪人，大家也會禮貌地互相讓步，說些「沒關係」之類的話就能和睦相處了。

如今的情況則是截然不同。那些已不再被視為異類的新興職業者，人數已多到形成群體或組織，先是擴大城市的發展，接著成為上層階級，對地方上傳統的生活方式與價值觀產生深遠的影響。在這種顛覆性的環境下，我們不得不思考一個問題：國家的古老傳統能否持續保存下來？在討論應不應該保存固有傳統之前，我們先要考慮的是：這些傳統能不能保存得下來？即使我們的結論是國家傳統應該保存並延

10 伊藤仁齋（一六二七～一七〇五），江戶時代儒學者，古義學派（堀川學派）始祖。他批判朱子學，主張回歸孔孟原本的思想。一六六二年在京都堀川自宅開設「古義堂」講學，專注教育四十餘年。著有《論語古義》、《孟子古義》等書。

續下去，現實中卻根本做不到，那麼這樣的政策最終也是毫無意義。

如今，我們耳中聽到的許多關於傳統的種種論調，不但不曾明確指出什麼才是真正的傳統，也不曾說明這些傳統如何一路流傳至今。過去有一套穩固的結構讓傳統得以安然延續，但隨著時光推移，那份穩固逐漸鬆動崩解，終至搖搖欲墜——這樣的可能性卻鮮少有人願意正視。

人們只是理所當然地認為，傳統應該獲得保存，傳統理應延續下去。但光靠這種說來安慰自己的道理，根本無法讓我們真正踏實地活下去。或許，我們該試著找到一些更具體、更清楚的方法，好好想一想這件事才對。

九

各位從小學畢業的十三、四歲開始，直到二十四、五歲正式踏入社會為止，即使有人是住在家中通學，也幾乎是從早到晚都過著只有學校的生活。那是一種與世俗社會幾乎完全切斷利害關係、只與同齡人互動的日子。

然而，有一件無庸置疑的重要事實，那就是：從父母傳給子女，從祖父母傳給孫輩，從鄉里的年長者傳給年輕人，自古以來日本所承襲的種種生活方式，不論是精神層面還是物質層面，正是在這十來年的青春歲月中學習、繼承並深植於心的。

不只如此，許多寶貴的新知識，甚至是古人想都沒想過的深奧道理，也是我們在這十餘年歲月裡學到的。可是，這一切的學習都付出了代價，一種無形的學費。這個代價是什麼呢？正是我們常掛在嘴邊的「日本人的特質」，那種屬於日本人的感受與直覺，曾經是我們生命的一部分，和我們一起成長，我們卻在這段求學過程中，漸漸把它當成學費付了出去。

當然，你或許覺得這沒什麼大不了，反正現在學也不遲，甚至還有人會說，經過學校的訓練後再來理解這些傳統，或許更能有效掌握。但無論如何，先意識到這件事才是最重要的。

十多年來的努力求學，讓我們忽略了腳下那些看似平凡無奇的事，而那裡其實藏著驚人的「無知」。這也難怪，因為接下來我要講的，恐怕都是你們從來沒想過的事，而這些事是在過去的日本，只要是正常人，無論是誰，都一定知道、一定感受過的人生真相。

這些事竟然還要特地在大學講堂裡鄭重其事地說明，想想還真是不可思議。此刻的你們正準備走向社會，卻對這一切渾然不知。

事實上，日本的歷史有許多未曾寫進書裡、也無法用言語清楚傳達的事。它們隱藏在多數人的內心與行動中，甚至深到連當事人也不自覺。這樣的知識，直到我們所從事的「日本民俗學」誕生之前，根本沒有人教，也沒有人學，連接觸的機會都沒有。

所謂的「真實」，不可能等到今天才突然出現，它們一直都在，只是過去的學問刻意把它們隔絕在學校教育之外。於是，我們走進學校、接受教育的同時，也就自然而然與這些知識漸行漸遠。

十

這件事，其實還有兩個相當棘手的地方。

第一，許多人對自己那種經年累月過下來的平凡生活早已感到厭倦，尤其是明治以來讀書人一個接一個出人頭地，看到這些人的發跡過程，大家自然對「新學問」抱持過度的崇拜。即使只是些零散、沒有什麼教育意義的知識，經由學者口中傳下來，竟然就像佛經咒語一樣，人人爭相背誦；與此同時，自己從祖先那裡繼承下來的傳統卻被隨意輕視，看得一文不值。

第二，學者的批判眼光雖然銳利無比，卻少了一份真誠的同情。這裡所說的「同情」並不是感情用事，而是願意去理解那些尚未明朗、深藏在日常生活中的無數小原因。這樣的同情心，如今尤其欠缺。

人類的所有行為，就算是瘋狂之舉，背後也一定有其動機。但現代人早就忘了這個道理，動不動就以「愚昧」、「野蠻」一語帶過，從不反省自己的理解是否不足。如果有時間，我還想多舉些例子來說明，就我最近的觀察，這種傾向依然相當普遍。

早年留下來的紀錄，大多出自京都的上流人士之手，而且這群人本身對庶民的日常生活並未特別關心，但畢竟他們還是生活在這片土地上，與凡俗世界多少有些關聯。以五山名寺的僧侶為例，他們在當時算是走在文化潮流最前端的知識分子，見多識廣，也很洋派，但他們對於民間信仰還是有著一定程度的理解與尊重。

可是到了江戶時代的漢學者，除了極少數例外，幾乎全都抱著「異民族」的眼光來看待自己同胞的生活。或許因為是鄰里鄉親，偶爾還是會觀察一下，但真正肯花力氣去解釋的人，幾乎沒有，頂多借用中國書上的現成知識，隨便套用一下便自以為交代清楚了。這種態度實在荒唐至極，說到底，他們早就失去真正解釋這些事物的能力了。

在從前那樣太平的時代，這種學問的怠惰或許還可一笑置之，但若是放到今日這樣動盪不安的局勢裡，連學者都無法正確解釋社會上的各種現象，而這些現象卻一波接一波湧現，那麼這個國家恐怕真會陷入無可挽救的混亂中。這是我們絕對不能輕忽的危機。

我之所以想請各位先從這個反省開始，就是因為我深深憂心，在你們忙於大學學問的這段期間，有多少真正重要的事最終將毫無所感地錯過，有多少珍貴的體會終究沒能學到心裡去；而這樣的危機感，正是促使我提出這番話的真正原因。

這不是什麼等到假日再隨便找個空檔來聽聽的輕鬆話題，我自己是這麼認為的。只可惜，能夠吸引大家興趣、又是我有把握講清楚的題目，恐怕沒幾個。不過，假如像「日本的祭典」這樣的題目能夠引起共鳴，那麼接下來，或許也會有人願意循著這條路繼續走下去，哪怕只是一部分史學科系的學生也好。

說到底，我的願望是希望這門學問能夠贏得更多的信任；站在各位的立場來說，就是希望你們能對現代學問的未來抱持更大的期待，面對那些自己不熟悉的領域，能盡量向該領域的專家學習，以及，希望這所科系切分得過於瑣碎的現代大學，能夠設置一個跨學科交流與整合的平台，讓各科系之間的成果慢慢互通，彼此連結起來。

老實說，這就是我站在這裡講課，心中最大的期望。

十一

在我三十多年來的公職生涯中，沒有一個詞比「常識」更讓我困惑不已。我時常想反問：「究竟什麼是常識？」但每當這麼問，往往又會被指責為「缺乏常識」。如果這個詞僅僅適用於有形可見、可聆聽的具體世界，那麼翻閱最新版的百科全書或許能找到答案。然而，在無形的生活領域裡，常識卻像流水般難以捉摸。

更令人驚嘆的是，隨著時間流轉，我們的常識總是不斷變化。背後的原因不難理解——人在成長為社會一員之前的關鍵十多年間，接受的教育與涵養各不相同，甚至各自抱持不同的價值觀。但是，我們卻從未真正嘗試了解這些觀念到底有多麼缺乏一致性。

如果當初不用「常識」這種模糊不清的詞彙，而是採用「社會規律」或「公共法則」這類較為具體的字眼，那麼這件事或許就不會以如此粗略的樣貌被擱置不管了。

至於當前的常識是否正當、應否改革，這些問題應該交由他人去探討。無論如何，我們應該先清楚揭示出當下常識的真實面貌，以及它如何在極短的時間內演變成今日這般多元的樣貌。

在各位的家鄉，或是祖先的故鄉，一定曾有那麼一段時期，年輕人被要求學習某些社會規律，而他們也樂於學習，並且堂堂正正地完成這門課題；一旦違背這些規律，便立刻引來嚴厲的批評與誠懇的勸誡。若要細數其中的條目，恐怕為數不少，但其中有三項尤為顯著，毋庸置疑。

首先，最重要的一條便是關於婚姻的法則。這對國民學校的學生來說或許是「不關焉」[11]，而一旦超過這個年齡，舉國上下無論男女都可說是專家。他們聚在一起，深入探討、仔細研究。提到「習俗」，人們往往容易把它與自然的演變、或者單純的習性混為一談，但實際上，習俗絕不是那麼隨隨便便的東西。

從前，每個時代都有一套「必須如此不可」的明確規範存在。不過，這些規則並未隨著時代演進而徹底革新，倒不如說，它們在某些新潮流的衝擊下逐漸鬆動，結果反而引發了今日的某些紊亂與弊病。儘管各地情況有所不同，但時至今日，社會仍試圖將「這才是正確的」、「理應如此」的觀念傳授給還沒結婚的年輕人。若要深入探討其中的細節，想必相當有趣，但考量到種種因素，我還是暫且不談；或者可以說，是因為這個話題「太過」有趣了吧。

11 通常寫成「我（吾）不關焉」，意指與我無關，也可引申為對某事毫無興趣，抱持超然態度的樣子。

其次，便是關於「共同勞動」的法則。這種共同合作的形式有很多種，隨著地區不同，甚至涵蓋了生產者之間的交易與交換。至於當時的人是否有意識地這樣做，仍有討論的餘地，但在我國，特別是針對年輕人，曾經有一套完整的體制來教授勞動的正義，而且這種教育的效果之顯著，可說是遠超預期。

今日所謂的「青年團」及其前身「若者組」，與前面提到的婚姻道德並列，是一個負責澈底灌輸所有共同勞動場合道德規範的機構。昔日的年輕人多少帶著一點頑固，展現出與年紀不相稱的保守舊習，竭力維護傳統。在村落中，相較於讀書人所給予的訓誡，這些同伴之間的相互規範往往發揮著更強大的影響力。例如，當團體的紀律稍有鬆弛，便可能迅速陷入令人不堪的混亂，由此可見，這些群體的「常識」確實能有效引導整體風氣。此外，當時並沒有其他明確的統制機構，地方官員或長者在治理村莊時，似乎也會以各種有趣的手段來巧妙地利用這個組織。

關於青年團與學校的關係，未來勢必仍會成為政治議題而被反覆討論。我個人對於這樣的討論結果抱著極大的期待，原因在於，兩者自一開始便擁有許多的共通點。因此，從未來政策的角度來看，各位有必要更加關注「若者組」的本質，以及它逐漸式微的過程。

十二

第三個重要的問題，正是這次的主題——「日本的祭典」。這一點同樣與各位這個年齡階段所屬的青年團體有著深厚的關聯。甚至可以說，這種關係或許早在引入現今的神職制度之前就已經存在，且歷史相當悠久。近來，人們已經逐漸察覺到這一點。至少，除了史料記載之外，還有許多事物必須透過這些年輕人的感受來探尋，才能真正理解其中的意義。

以學術研究的經驗來看，這個年齡階段的年輕人最具批判性與懷疑精神，也是信仰教育最難以滲透的時期。然而，在日本的情況卻截然不同，反而是這個階段的人，對於年長者所深刻懷抱的神社信仰，展現出極大的接受度，並在這段時期內深植於心。孩子們當然也會對祭典產生興趣，並察覺到這一天與平日的不同，但這種興趣之所以如此強烈，很大程度上是因為他們親眼見到青年團體對祭典投入極大的熱情，甚至達到異常狂熱的程度。如果祭典僅僅是年長者的事務，那麼這些孩子也無法留下如此深刻的印象了。

政府多年來的官方說法是「神社並非宗教」，關於這點，起先我個人是頗為不服氣的。但是當我深入觀察日本的祭典後，不得不承認，其中確實蘊含了某些超越一般宗教定義的獨特要素。或許，我們所擁有的，與其說是對自然或靈界的信仰，不如說應該稱之為一種「觀念」。越是回溯到更久遠的過去，我們會發現，神與團體的關係就越是緊密，同時，人們也逐漸將重點從祈求神明賜福，轉變為信賴神明。人們普遍認為神是我們共同體中最珍貴的組成部分，與各地區的統治者密不可分，甚至視為一體。

當然，神道的教義在歷史演變中經歷了許多變化，如今各地神社供奉的神明，幾乎都能在《神代卷》以來的史料中找到紀錄。但這種現象或許是從「卜部氏」[12]興起之後才逐漸形成的。至少，就一般百姓而言，在家族信仰中，祖先與神明往往是視為一體的。對我們而言，敬奉神靈既是生活方式，也是政治理念。即使這種觀點在今天仍只能算是我們的個人見解，卻也不能輕率忽視。

即使無法從神職家族所傳承的紀錄中找到直接證據，但我們仍能透過自身的感受，逐步釐清這個真相。或許有朝一日，透過民俗學的研究方法，我們便能歸納出這條所謂「神道」的本質。

十三

那些我們擔心會因為大學的繁榮與學者人數的增加而導致斷絕的日本傳統，其實正潛藏在這樣的地方。幸運的是，與婚姻或勞動不同，關於神祭，許多人不僅曾親身參與，有著愉快的回憶與無窮的好奇，還懷有一種「想要談論它」的衝動。而我正想以此為切入點，繼續講述這方面的課程。

雖然舉國上下無論貴賤老少，都承認這是極為重要的課題，但由於它的變遷始於遙遠的古代，再加上各地的利益錯綜複雜，即使有人

12 源自古代以卜筮為業、奉仕於神事的氏族，分布於伊豆、壹岐、對馬等地。伊豆的卜部平麻呂一系之後在神祇官中掌有權勢，世襲要職，後來分支為吉田氏、平野氏等，並孕育出多位著名的神道學者。

熱中於記住這些舊事，也難以單憑一個地區的知識來加以解釋。如果要把它當作是整個國家或民族發展歷程的一環而追溯下去，我們必須運用比較研究的方法，蒐集並排列出來自不同環境與階層的資料，剔除後來新增的內容，最終才能發現那些可以稱之為「固有」或「原始」的本來面貌。

民族學這門學問，在西方最初的目的，便是探尋基督教傳入之前的信仰狀態。教會的建立與聖者的來臨，並不意味著整個地區完全皈依耶穌[13]，許多古老的信仰仍然殘存其中。而透過蒐集與比較這些遺存，便能窺見最初的樣貌，這點與我們的研究方法一致。

然而，歐洲人的研究目標過於遙遠，即使是最晚改宗的北歐斯堪地那維亞地區，在十世紀時也已完全基督教化。如果有人主張其後仍有異教之國存在，不僅無法被接受，甚至還會招來憤怒。因此，他們的研究方式可謂考古學式的，只能從出土的零碎遺物來推測整體。

與此相對，日本人所關心的疑問完全屬於當下這個時代，相關素材更是充滿於我們眼前，既不是歷史殘存的痕跡，也不是過去的遺物。更何況，在這之中，還有許多「活生生的證人」可以提供見證。因此，我們的研究對於現實社會的發展，具有不可或缺的價值。
如果這些研究的結果無法引起社會大眾的興趣，恐怕我們的工作會變得困難重重。然而值得慶幸的是，隨著我們對這個問題的理解逐漸加深，日本人的生活樣貌也更加清晰明朗。雖然純屬偶然，但過去那些獨斷專行、憑空猜測的傳說，如今竟然有一些是可以事後以證據加以佐證的。此外，並沒有出現太多可能被他們視為礙事而想要排除的結論，因此，我們可以毫無顧慮地全力探尋日本神道的原始形態。
我這次的講課，或許只能觸及其中的一小部分，但至少已經為這個研究打開了一扇門。對於這扇門，各位心中多少也該有點想要悄悄窺探的好奇心了吧？

13 「耶穌基督」的簡稱，引申為基督教及其信徒的通稱。

2 從「祭」到「祭禮」

一

接下來，我想分六次與大家談談日本的祭典。如果不透過「祭典」這一傳統儀式，就無法窺見日本固有信仰最古老的面貌，也難以理解它如何在歷史變遷中逐漸演變成今日的樣貌。這個道理，各位應當很容易認同吧。

現今被稱為宗教的各種信仰組織，不論與佛教或基督教相比，都能立刻察覺到一個顯著的特點——我們的信仰沒有經典。充其量，只有一部分被視為正統歷史的記載勉強可作為經典的替代。然而，國內絕大多數最虔誠的信徒，既沒有機會閱讀這些記載，也從未透過文字學習過信仰。因此，沒有專門的傳教者，至少在平日裡，也就是祭典之外的日子，並不存在傳道的習慣。

此外，正如我接下來要講的，過去並沒有專門的神職人員，更遑論教團組織。雖然各個神社周圍確實聚集了許多指導者，但信仰的傳承，主要依靠行為與感受，而非言語，甚至在日常生活中提及信仰還會有所顧忌。因此，唯有親身參與每年幾次的祭典，才能一次次地更新自己的體驗。

在溫帶國家，四季更迭自古以來都是人們記憶中的重要標誌。日本的祭典正是以這樣的四季循環為指引，從古至今不斷重複著。錯過祭典被視為極大的損失，有時還會被認為是一種難以原諒的怠慢。祭典可說是國民信仰唯一的踏腳石，不沿著這條路走下去，便無法真正體悟所謂的「惟神之道」，也就是順應神意的道路。

「祭」這個古老的日文字，其核心意義與涵蓋範圍，即使到了今天，一般人也大致能夠理解。自古以來沒有一年中斷過祭祀的人們，怎麼會誤用這個字呢？或許，要用簡潔明確的語句為「祭」下定義，會讓許多人感到困難，但只要一生中曾多次使用這個字的人，必然都清楚什麼是「祭」，什麼不是「祭」。將本不該稱為「祭」的事物硬套上這個字，聽者是不會認可的。

然而，現今居住在都市中的人，或那些未曾真正參與祭典的人，卻時常對這個字的解釋發表意見，導致它的概念變得有些混亂，不再如過去那般清晰明確。

二

舉個例子來說，請問各位一個問題：「祭」與「祭禮」是相同的嗎？還是有所區別？急性子的人可能會直接回答「當然是一樣的」。也許還有人認為，「祭禮」不過是「祭」的一種雅致的表達。但其實在「祭」的範疇中，有許多事是無法稱為「祭禮」的。

比方說，修建新屋時舉行的上梁祭、清理井水後要祭祀井神，這類儀式顯然不屬於「祭禮」。進一步來看，當家中發生某些令人擔憂的事而去找人占卜，或者做了某個夢，夢裡告示對先祖的供奉不足，這時便會祭拜祖先。如今，這類儀式通常使用佛教風格的詞彙，例如「法事」或「盆施餓鬼」[1]，但如果以純粹的日語來說，它們仍屬於「祭」。

另一方面，即使「祭禮」兩字會被寫在旗幟或燈籠上，但女性與孩

1 指於盂蘭盆節期間或前後所舉行的超渡餓鬼法會。

童大多仍只會說是「祭」或「御祭」。在東北地區，甚至有許多村落壓根沒有「祭禮」這個詞。只有少數受過教育的人，偶爾才會在某些大型祭典中聽到「御社禮」這樣的說法。

雖然「祭禮」這個詞在書寫時看似代表「祭祀的儀禮」，但在日常用語中，兩者卻截然不同。因此，認為它們完全不同，反倒更符合實際情況。如果從當今大多數人的用法來看，或許可以這樣定義：「祭禮」是「祭」的一種，特別指那些盛大華麗、帶來許多歡樂的祭典。或者更具體地說，凡是吸引眾多觀眾前來參與的「祭」，便可稱為「祭禮」。但這樣一來又必須進一步解釋「觀眾」的概念，問題反而更複雜了。

總而言之，「祭禮」原本是個外來語，日本古代並沒有這個詞。不過，在京都人的紀錄中，至少從鎌倉時代就已經出現這個詞了；或許再深入探究，還能找到更早的使用例子。這個詞一開始就不單是「祭」的另一種叫法，似乎是專門用來指稱某些著名神社的大型祭典。換句話說，它的含義大致與現代的用法一致。

這裡衍生出了三個問題。

首先，在「祭禮」這個詞被引進或重新創造之前，各地是如何區分不同類型的祭典呢？又或者，過去根本沒有必要做出這樣的區別？即使在今天的正式公文中，如果仔細留意，會發現「祭禮」一詞其實並不常見。相對而言，民間更常使用「大祭」來表達「祭禮」的概念。也就是說，在一年之中舉行的數十次祭典中，總有那麼一場規模最大、最受矚目的祭典，人們便稱之為「大祭」。或許在古老的時代就有這樣的名稱了，只不過當時的叫法是「オオマツリ」（ohmatsuri），到了現在才改叫成「タイサイ」（taisai）。

其次，可以參考「祭」與「御祭」的區別。雖然現代女性多半不再區分這兩個詞，但仍有部分男性偶爾會加以區別。例如，奈良春日若宮每年十一月舉行的祭典，民間一定會稱之為「御祭」，而不會僅說「祭」。這個敬語表現應該是有其意義的——因為主導祭典的並非一般民眾，而是由政府、領主或貴族來舉行，因此才稱為「御祭」，私人舉行的祭典只稱為「祭」。或許，正是因為這種區別過於模糊，後來才刻意將少數特殊的祭典稱為「祭禮」，以示區別。

雖然現在仍有人區分「官祭」與「私祭」，但放眼全國，會發現由官府派代表參與的祭典其實少之又少，而舉行「祭禮」的神社，數量則遠遠超過官祭的神社。因此，原本「祭禮」的概念或許與官祭、私祭的區別並無關聯，反而是各個神社內部便已存在「大祭」與「小祭」的區分，而後來官方開始參與「大祭」，這才使得部分祭典帶有官方色彩。

如果這樣的推測是正確的，那麼接下來的第二個問題便是：所謂「大小之別」，究竟是依據什麼標準來區分的呢？換句話說，為什麼要刻意創造「祭禮」這個名稱來與一般的「祭」加以區別？在每年舉行的眾多祭典之中，為什麼各地逐漸形成了只將其中某一場祭典視為「大祭」的趨勢呢？

或許，可以簡單地回答：「這是時代發展的結果」。但這樣的回答過於籠統，還需要進一步解釋，這種變化究竟如何影響我們的整體祭典文化？

三

第三個問題更加根本。如果「祭禮」仍然是一種「祭」，而「祭」又是自古以來不可遺忘的日語詞彙，那麼無論是大小、種類各異的祭典，都應該擁有某種共通的重要意義。而這種核心意涵，究竟應該去哪裡找呢？

雖然隨著時代變遷，日本的祭典不斷受到文化的影響而改變形式，但另一方面，每間神社的祭典又各自獨立發展，因此，即使是看起來特別華麗的「祭禮」，儀式與樣貌依舊千差萬別。正因為有這種多樣性，我們更不應該忽視其中蘊含的共通本質。

其實這種情形反而帶來一個優勢：讓我們更容易找出這些共通點。假設日本的祭典如同佛教的宗教儀式，由特定宗派統一制定、推廣教育，全國各地都遵循同樣的標準，那麼，如果沒有詳細且可靠的歷史紀錄，要還原祭典原初的樣貌將會極為困難。不過，祭典的形式是依據各個神社的傳統所建立，每間神社都保存著不同時期的變遷痕跡，並且隨著時代發展，各自進行不同程度的調整。

我們過去對於這些變化早就習以為常，不曾深思，但若仔細比較，即使是同一地區的祭典或祭禮，也可能呈現出令人驚訝的差異。將這種現象視為信仰的展現而不曾懷疑，是日本國民與生俱來的信念之一。但若從外部視角來看，產生質疑才是合理的吧，怎麼能讓這種曖昧不明的狀態一直持續下去呢？

因此，在這三個問題中，自然應該將最多的心力投注在第三個問題上，但要解決這個問題，從第二個問題著手反而更順暢。

在各位的故鄉，有些神社一年當中為氏神所舉行的祭典就有五十次，甚至七十次之多，但人們心中浮現的祭典印象，通常是兒時曾經目不轉睛凝視過的那場「祭禮」盛況。當我們偶然走訪鄉間，見到一場簡樸寧靜的小神社祭典，或許不禁會猜想：「恐怕是因為信眾力量微薄才不得不一切從簡，勉強維持個形式吧。」但換個角度來看，更可能是「祭禮」這一類的大型祭典，隨著時代發展，不斷融入各種巧思，增添新的娛樂活動，才逐漸演變成今日這般熱鬧非凡的模樣。而這種看法通常更接近事實。

舉例說明或許更容易理解。

提到「祭禮」，多數人腦海中浮現的畫面，往往是各式各樣的燈籠。例如，在飛驒高山的祭禮中，每個城鎮統一懸掛起長形燈籠，這些燈籠的圖案樸實典雅，讓人立刻感受到祭典的氛圍。但我們想一想，蠟燭究竟是什麼時候傳入日本的？紙張又是從什麼時候能夠自由生產的？將紙張貼在以細竹篾彎曲而成的骨架上，使其能夠伸縮自如，並塗上桐油以防雨水滲透、避免破損——這樣的技術又是在什麼時候普及開來的呢？

如果沒有蠟燭與紙張的結合，便不會有燈籠的誕生。然而，燈籠尚未出現之前，日本的祭典早已存在。事實上，即使到了今日，仍有一些地區的祭典會在夜間燃起篝火或舉起火把，以此作為祭典的象徵。

四

再看看所謂的「旗幟」，也就是將一整幅白布縫上繩環，穿過旗竿，並在上面大書「國土安穩」、「五穀豐登」等祈願詞。秋風拂過稻田，旗幟隨風飄揚的景象，可說是祭禮中最具祭禮氛圍的畫面。然而，旗幟的興盛似乎並沒有那麼久遠，因為我在古代繪卷或中世紀的紀錄中，還沒見過這樣的描繪。關於這個問題，日後還會再深入探討。總而言之，儘管本質不曾改變，但外在形式卻與過往大相逕庭了。

祭禮最具代表性的特色，莫過於神輿的巡行與隨之而來的華麗行列。自中古時期以來，京都等地便將這類遊行稱為「風流」。「風流」意指靈活多變的創意，講求巧思與新意，每年競相設計嶄新的裝飾與表演活動來吸引目光。正因如此，原本的「祭」逐漸發展為今日的「祭禮」。然而，神祇降臨、駐駕於祭場這一觀念，自古以來便已深植於信仰之中。只是，如今在規模較小的祭典中，仍然看不到將神明安奉於金碧輝煌的神輿上，在鈴聲與樂音中巡行街道的景象。

透過歷史文獻與紀錄，大致可追溯京都及其周邊地區的祭禮演變過程。我們發現，自古便有使用乘輿迎請神明至祭場的例子。更早之前，人們多以神馬為神明的坐騎，這種習俗至今仍在許多地方廣為流傳。其實神輿並不稀奇，中世歷史上赫赫有名的日吉神輿便是一例，而春日大社則曾以手輿承載神木，舉行巡行儀式。不過，如今常見的有著華麗裝飾的神輿，過去僅見於特定神社，相傳最早的起源便是京都的祇園祭。此外，如御靈神社、今宮神社等擁有明確祭典歷史的神社，或者進一步來說，那些祭祀威嚴可畏的神祇，特別是用來安撫這些神祇怒氣的祭典，才會一開始便極力講求華美莊嚴的儀式。

換句話說，在各地神社的神輿巡行中，使用精緻華美的神輿乃是一種風潮與革新，反映出近世和平時期以後的文化影響，而且是先從都市地區開始盛行的。從工藝史的角度來看，也可以明確解釋這個現象。日本新興文化最早且最廣泛的應用，就是在這個領域，其中蘊含著極為複雜的社會心理。無論如何，正因如此，許多城下町與港口城鎮逐漸以祭禮為一種精神依靠與象徵。這麼一來，「日本的祭典」便與過去截然不同了，這正是我們必須將「祭禮」與其他形形色色的祭典加以區分、深入探討的原因。

五

日本祭典最重要的一次變革究竟是什麼呢？簡單來說，便是「觀賞者」這一群體的出現，也就是說在參與祭典的人群中，開始出現那些並非出於信仰，而是純粹從審美角度欣賞祭典的人。這種變化使都市生活變得更加熱鬧，為我們童年的回憶增添許多瑰麗的色彩。然而，與此同時，原本以神社為核心的信仰凝聚力卻逐漸削弱，最終甚至在鄉村也開始出現一種風氣：即使身處祭典之中，人們卻僅僅將它視為一場供人觀賞的活動。

這種風氣當然並非近代才開始的，早在明治時代之前，便已經滲透至鄉村生活中了。在豐收的歲月裡，農民一方面努力讓這場「被觀看的祭典」更加華麗壯觀，但另一方面，他們依舊不曾捨棄祖輩流傳下來的信仰與對神明的承諾。因此，舊有的儀式與新式的元素交織融合，祭典便產生了規模不一的不同層次，從最盛大的祭禮到各種大小儀式林立，最後，單用「祭典」這個名稱已經無法涵蓋其中多樣而複雜的活動了。

在所有儀式中，最為繁複、單靠觀看很難理解其歷史沿革的，便是迎請神明至祭場的過程。去年夏天，我造訪了甲州[2]的御嶽神社，恰逢當地的祭禮之日，得以用旅人的身分詳細觀賞這場盛典。祭典開始，首先是金光閃耀的神輿登場，神官抱著神殿中的御鏡，恭敬地將它供奉在神輿上。而在另一邊，則有一匹神馬跟隨隊伍同行。如今這匹馬似乎是向村中富裕人家借來的，不過奇特的是，神官沒有坐在馬上，這匹馬也不是被人牽著單純作為裝飾，而是馬背上架著一個特製的馬鞍，中間插著一根「御幣」。

更特別的是，這根御幣並非普通的神前供物，而是每年祭典時不斷以白紙剪製「紙垂」，層層纏繞於幣串之上，最終形成一個宛如圓滾滾的陀螺般，造形相當特別。這無疑就是神靈依附之物「依坐」。換句話說，雖然不知道抬著華美神輿遊行這項儀式從何時開始，但迎請神靈的傳統方式——以神馬作為乘輿，卻從未廢除，因此，祭典的隊伍之中便同時出現兩種神轎同行的奇景。

這間神社古早的神靈依附之物是御幣，也就是所謂的「御手座」，但有時候，神靈所依附的並非物品，而是活生生的人。當神靈降臨並附身於這個人之後，便讓他步行或騎馬，緩緩前往祭祀會場。這樣的儀式，即使到了今天仍可見於部分祭典中，稱為「一物」；而熊野新宮的「一物」儀式，不知何時開始，改成了騎在馬上的人偶。在這種情況

2 譯註：即甲斐國，舊時行政區，約位於現今的山梨縣。

下，人們相信神靈會依附在插於人偶腰間或繫於斗笠邊緣的一種神聖植物上。

這無疑是祭典中最神祕的部分，因此，過去通常不會讓沒有虔誠信仰的人觀看。有些地方甚至舉行「暗闇祭」，在關鍵時刻讓家家戶戶熄燈，確保神靈遷移的儀式不被任何人窺見。據說「單輪車」[3]這則恐怖的傳說便是從這裡來的。此外，在伊豆七島，每年正月二十四日都會舉行「忌日祭」或「日忌祭」，傳說這一天，高掛紅色船帆的神船會橫渡海面，凡是目睹神船的人將會迎來死亡。

後來人們的觀念改變，開始希望神靈巡行時能讓更多人參拜，這可說是一項重大的變革。對於虔誠的信徒而言，神靈的出巡與回歸才是祭典的核心，因此他們仍然堅持，只有符合特定條件的奉仕者才得以目睹這一神聖儀式。然而，路旁圍觀的少女與孩童卻未必會留意這樣的禁忌，於是這類儀式漸漸轉為幕後進行。

在中古時代的文學作品中，曾多次描繪賀茂祭[4]的場景——人們架起看台，牛車停駐路旁，甚至有些人爬上樹梢，只為一睹隊伍經過的瞬間。當神靈巡行變成白天舉行的盛事，原本應該連續進行的祭典日程也被拆分為前後兩部分，後半部分稱為「本祭」、「當日祭」或「日之晴」。這一變化的根本原因便是巡行儀式的華美與風雅，使祭典的樣貌與過去截然不同。因此，我們或許應該回頭探究，祭典在古時候究竟是如何舉行的。

六

許多學者早已指出，日本古代的一天，是從現今下午六點左右，也就是夕日西斜[5]時分開始的。因此，如今我們所說的「前天晚上」，在過去則稱為「昨晚」，這樣的表達方式至今仍在日本各地保留著。此外，十二月三十日的晚餐也稱為「年越」或「年取」，正是這種傳統時間觀念的延續。

我們的祭典之日也是從一天的分界點，即現今所稱的前一天的晚宴「夕御饌」開始，並在隔天的晨宴「朝御饌」完成。至於正午的膳食，最初似乎只能在戶外享用。因此，從日落到翌日清晨的這段時間，才

3 譯註：江戶時代的怪談等古書中的妖怪。被火焰包覆的單輪牛車，搭載著美女或恐怖的男子，看見的人會遭惡運。

4 譯註：每年五月十五日在京都下鴨神社（賀茂御祖神社）與上賀茂神社（賀茂別雷神社）舉行的例行祭典，與祇園祭及時代祭齊名為「京都三大祭」。

5 指夕陽西下，或是那段時間的景象。

是祭典中最為重要的部分，人們主要在屋內進行儀式，並在庭院裡點燃篝火以示敬奉。

後來，人們逐漸認為午夜零時是一天的開始，也有人認為應該從旭日東升或東方破曉時算起。這種觀念的轉變，使得許多人自然而然地將祭典視為連續兩日的儀式，這也是一項重大的改變。雖然仍有不少老人家認為「宵宮」[6]才是祭典的重頭戲，但既然已將祭典視為持續兩天的活動，那麼只要參拜兩次就夠了，因此，夜晚參拜完後回家換上睡衣安然入睡，就變成理所當然的習慣了。這也使得「御籠」或「參籠」[7]這類詞彙，如今只在鄉間才會聽見。

這種變遷相當顯著，因此我們需要回顧過去與現在的差異。「宵宮」或「夜宮」這些詞彙，是否真的意指深夜前往神社參拜，仍有待考究。在中國地區[8]西部到九州一帶，所謂的「宵宮」也稱作「齋殿夜」、「齋殿晚」，甚至有「齋殿參拜」一詞。此外，開始舉行祭典稱作「立齋殿」，結束祭典則稱作「拂齋殿」，由此可見，這裡的「宵宮」其實是指「齋殿」或「齋所」，而我們平時說的「宵宮」也有可能原指「齋屋」。

如果這個推測成立，那麼可以理解，古時祭典的核心是在屋內進行的奉祀儀式，而白天於戶外舉行的「日之晴」原本只是祭典完成後的慶祝儀式，屬於「慶功宴」系列的一環。至少可以說，「祭禮」是以白晝為主的，而「祭」本來是以夜間為主的，這樣的理解應該沒錯。

如果仔細尋找，會發現民間仍然有不少以夜晚為主的祭典儀式，而且明顯地影響宮中的祭典。像是一代天皇一生僅會舉行一次的「大嘗祭」自不必多說，年年秋收後舉行的「新嘗祭」，還有接近冬末時舉行的「御神樂」，都是屬於這類儀式。無論是內外官員，至今仍會派出代表參與這些祭典。在晚宴結束後，所有人會離開參集殿，直到天明。此時，有人會為他們準備酒食。隨著朝陽的升起，時間來到了早上的祭典，大家又會回到儀式現場參與供奉。

在忙碌的現代生活中，很難完全遵循這些古老的儀式，因此常會對祭典的時間做出調整，例如延遲晚宴的時間，並將早上的儀式提前至黎明前，兩者之間的間隔變短了。至於這樣的改動是好是壞，我不打算討論。古老的祭典儀式通常是由晚宴與晨宴兩次供奉饌食所組成，所有人都會身穿潔淨的祭服，通宵守候侍奉，這正是「日本的祭典」原

6 譯註：祭典前一晚的祭祀活動。

7 譯註：兩者皆指祭祀時，神職人員或信徒在神社內閉門不出，專心進行祈禱或齋戒的儀式。

8 譯註：指日本本州島最西部地區的合稱，包含現今的鳥取縣、島根縣、岡山縣、廣島縣、山口縣等五個縣。

本的樣貌。

如今，許多地方依然會舉行這種儀式，「御夜籠」便是其中之一。而在城市裡，雖然「御通夜」這個詞目前只會用在發生不吉利的事時，但這個詞語的本意是指徹夜不眠，某些地方的祭典中仍保留著這樣的習俗。隨著徹夜祭典逐漸消失，這種儀式才會變成只用於不吉利的場合。

七

古老語言所承載的情感與意義，總是在不知不覺間悄然改變。但只要細心研讀文獻，古今之間的差異其實不難理解。

「祭」這個字，正如歷代學者所闡釋的，與「順」、「服」並非全然無關。如果用今天的話來說，就是「服侍於側」，或可理解為「侍奉」，但更具體來說，它代表著隨時關注神明的旨意，恭敬地聆聽一切訓示，並以誠摯之心侍奉，完全順應神意而行。這不僅僅是單純地表達敬意，而是更深層的奉獻與服從。

「參」這個字，如今可能只是指稍作停步、脫帽低首，但是，如果只是在電車上或公車上低頭，並不能稱為「參」。古時候，無論日語還是漢語，這個字都包含著前往特定之地並駐足一段時間的含義，這一點從「參列」或「參加」的用法中可見一斑。至於現在人們會戲謔地用這個字的過去式來表示投降，雖屬於過度濫用，卻仍保留了屈服與順從的意味。

如今的行禮方式已大幅簡化，一般人認為這也是自然的改變而沒有特別關注，但我注意到在「參拜神明」的儀式上，這種變化十分顯著。即使是虔誠的信徒，如果只在神明面前站著行禮，並不讓人覺得不妥。但在百年前的繪畫中，卻不曾見過這樣的行禮方式。過去，人們是雙膝跪地，將扇子展開於前，虔誠地頂禮膜拜。這種簡略化的改變，或許與「巡拜」或「巡禮」的習俗有關，信徒們在旅途中順道參拜許多間神社，導致禮儀逐漸變得草率了。無論如何，這樣的轉變進一步拉開了「祭」與「參」之間的距離，甚至衍生出「參詣」這種到佛寺、神社對神佛表達敬意的新興信仰活動，而這並非單純受到外來宗教的影響。

許多大型神社仍有「正式參拜」這樣的用語，儘管儀式已大幅簡化，仍可看出指的就是神社舉辦的臨時祭典。換句話說，「參」這個字最初的意思與「籠」相近，表示參與一場祭典。因此，唯有符合「侍奉祭典」條件的人才有資格「參」。至於「參詣」與「參籠」的關係，這裡暫不詳述，待日後再加探討。無論如何，隨著世道變遷，生活方式改變，即使是如此重要的祭典儀式，也不得不隨之演變。

祭典儀式的演變，一方面體現在夜間與清晨的供饌間隔被縮短，另一方面則是祭典的時間向前後延展，使得日間戶外的儀式增多，並逐漸被視為祭典的核心與象徵。這點，正是我所認為的從「祭」到「祭禮」的轉變過程。

三千年來，日本的祭典歷經歲月流轉，要想探尋它不變的核心精神，首先必須認清這些明顯的時代變遷。無論是城市與鄉村，或是東北與西南，各地的祭典外貌看似千差萬別，但唯有在這些多樣性中發現貫穿全國的共通精神，我們才能稱之為「祖先代代相傳的傳統」。如果只憑自己有限的經驗，武斷地認定某種看法是唯一正解而否定其他觀點，最終會使自己連應該理解的事物都無法掌握。而在當今社會，這種思維方式的負面影響已不僅僅局限於個人而已。

9 伴信友（一七七三～一八四六），若狹國小濱藩的武士、

八

日本的神道信仰，或許是少數因學者固執己見而遭受極大困擾的領域之一。歷來的學說總是被後來者推翻，因此，雖然沒出現過激烈的爭論場面，卻也在漫長的江戶三百年間，湧現出數不清的各種解釋。這些解釋彼此矛盾，無法並存，且沒有任何一項是建立在前人研究的基礎上，缺乏累積與深化，久而久之變得相當混亂，讓人不知該遵循哪個研究成果，徒增迷惘。

造成這種現象的原因，正是缺乏基於事實的研究與比較。當然，並非毫無例外，例如伴信友[9]與黑川春村[10]就曾開創出較為嚴謹的學風，但近年來，這股風氣似乎又逐漸消失了。

真正的學問應該是以事實為基礎，哪怕是微不足道的細節也不可忽視。當遇到看似離奇的現象，不能輕率地將它歸咎於民間無知或錯誤，應當先確認是否屬實，如果確有其事，進一步探究它的成因。唯有保持這種審慎求真的態度，才能真正理解事物的本質。而如今，這

國學者。為本居宣長去世後的門人之一，師承其養子本居大平。一八二一年將家業交給長子後隱退，專心治學，在江戶學界極具聲望，被譽為三大家、天保四大家之一。

10 黑川春村（一七九九～一八六六），國學者，出生於江戶。原先向第二代淺草庵學習狂歌，繼承為第三代，後轉向和歌，並深入研究國學。是江戶考證派的代表人物之一。

樣的研究方法，正是關乎國家未來發展的重要課題。

就這樣，我們開始慢慢理解祭典變遷的原因。從原本的「祭」發展為更具儀式感的「祭禮」，從需要停留一夜的「參籠」演變為單純的「參拜」。這種變遷的原因不僅僅來自外部環境的影響，內部本身也早就有這樣的趨勢。如果說這種趨勢也是一種本質，那麼即使形式發生變化，我們仍然可以從這些變化當中窺見信仰的核心樣貌。

例如，前面提過的昔日各地祭禮的景象，像是迎風飄揚的巨大旗幟，隨著時代變遷，材質從麻布改為棉布，並染上墨字，使人們能夠從遠處清楚辨識。為了讓旗幟更加穩固，人們會在旗杆末端加上墜飾，這些變化都源於希望清楚標示「這裡正在舉行祭典」的想法。

立起旗杆來標示祭場，幾乎可以說是最初就存在的習俗。這不僅限於日本，凡是相信神靈自天而降的民族都有類似的做法。也就是說，這是為了讓悠遊於天空中的神靈能夠辨識的標誌。

白天，人們會在竹竿上懸掛紙飾、麻線或布條，讓它更加醒目；到了夜晚會看不見這些標誌，於是人們開始點燃火光。將火焰高掛在柱頂上是一件相當費工的事，因此有些地方發展出點燃巨大火炬的儀式，某些地區還有「柱松」的習俗，伴隨著投擲火炬的競技，人們將燃料籃固定在竿頂上，然後從下方拋擲火炬來點燃（關於這項習俗，請參考我的論文〈柱松考〉[11]）。

燈籠與提燈這類方便的物品一旦普及，自然會成為大家的不二選擇。於是，「高燈籠」這種燈塔應運而生，提燈也逐漸成為祭禮中不可或缺的一部分。今天與祭典有著深厚關聯的「御燈明」[12]，雖然它的起源可追溯至古老時代，但依然是在這樣的背景下形成的。

宮中祭典保留了許多古老的風俗，夜晚的光源主要依賴篝火與火把，但在我曾經參與的大正初期大嘗祭，考慮到火災的風險，首次使用了火焰形狀的玻璃製攜帶式電燈。當時村莊神社的常燈也首次改用了電燈，雖然一開始大家都有些不適應，但現在已經成為理所當然，沒有人再感到奇怪了。

過去的祭典，除非是滿月之夜，否則總是處於一片昏暗之中，而在城市中，為了讓祭典更具吸引力，人們便大量使用蠟燭來點亮四周。光是這一點，就讓村里的祭典顯得格外冷清，只能邀請親戚來吃飯，

11 〈柱松考〉，柳田國男著，於一九一五年三月發表於《鄉土研究》第三卷第一期，後收錄於《神樹篇》（實業之日本社，一九五三年出版）。

12 譯註：供奉於神社或寺院的燈火，象徵對神明或佛祖的敬意與祈願。

完全無法吸引外地的觀眾。不然的話，就只能擬定一個與鄉下不相稱的宏偉大計，讓當地的祭典成為廣受好評的盛事。

即使今日，像京都周邊人口眾多的地方，或是富裕的農村，仍偶爾會有較大型的祭典，而且這些地區的鎮守神都被說是「愛熱鬧」。當地居民也不管這種說法是從何時開始流傳的，反正都相當引以為傲，說是「從古時候就一直是這樣了」，但其實這種情況是近年來逐漸發展起來的。

在這樣的氛圍中長大的人，已在不知不覺間改變對祭典的看法，認為那些沒什麼亮點的小型村祭似乎有些可憐。

九

祭典與都市文化之間的關聯可說相當深厚，而其中最顯而易見的差異，便是祭典所屬的季節。城市裡關於祭典的回憶，多半與夏日有關，但在上古時代，夏日的祭典其實並不多見。

當然，四季更迭之際，自然有許多適合舉行祭典的時機，但一年之中最為隆重的祭典，無論如何，總是選在秋天的豐收之後，萬物充盈的時刻舉辦。其次則是春末或初夏之際，特別是在農村，這些祭典往往與農事息息相關，像是在播種前、整備秧田之際，人們便會舉行儀式，祈求五穀豐登。

舊曆四月八日，似乎與山中的祭典有著特別深遠的關聯。人們常說，春秋兩季各有一次重要的祭典，這幾乎可以確定是為了象徵農業，特別是稻作的開始與結束。在許多農村地區，人們還會在這些時節選擇特定的日子當成「山神降臨田間之日」或「田神歸回山林之日」而舉行祭典。

此外，在某些地方，人們也會以不同的說法來解釋這些日子。例如，有人認為這是「惠比壽神外出工作的日子」，或者是「大黑天神從外地賺錢回家的日子」。儘管說法有所差異，但它們的本質與國家祭典中感謝豐收的「新嘗祭」，以及每年二月祈求豐收的「祈年祭」，基本上都是一樣的。

在我們國家，曆法的制定似乎主要是為了確保豐收，同時也為了祭祀神明。至少在最初，幾乎沒有與祭典無關的節日。

五節供[13]在武士階層相當受到重視，但對農民而言，三月三日與五月五日才是最主要的節供。正月七日與七月七日雖然也是特別的日子，但很多人沒把它們當成節供；此外，有些地方將九月九日當成節供，但人們對待這一天的心情稍有不同，因為在許多地方，這一天被當成重要的祭典之日或神社的祭禮之日。

在九州北部，「クンチ」（kunchi）是指村內神社的例行祭典之日，漢字寫成「供日」或「宮日」，但這個名稱的來源其實跟「九日」（kunichi）息息相關，只不過部分地區的祭典並非剛好在九日這一天舉行，人們便漸漸誤以為兩者無關了。

在我的故鄉以及其他地區，為了讓鄰里間能夠互相來往、共享秋祭的喜悅，許多村莊會特意錯開祭典的日子，在八日或十日、十一日舉行。到了明治時代末期，人們意識到這種做法帶來了一些弊端，因此有段時間將祭典統一訂在九日舉行。

關東各地也有「クニチ」（kunichi）的說法，明顯指的就是九月九日。但由於農作物成熟的時間不盡相同，有些地方會變成「三九日」，也就是根據當地農事的進度，將祭典定在九日、十九日或二十九日來舉行。

不過，在這些地區，與其說九月九日是一場盛大的祭典，倒不如說它更像是一場安靜的家族聚會。人們會拜訪親戚、共飲美酒、享受團聚的時光。雖然這一天不像其他祭典那樣熱鬧，沒有華麗的遊行或熱鬧的表演，卻依然保留了一些傳統儀式，例如，村內的馬場會豎起旗幟，神社內會響起太鼓的鼓聲，甚至在西日本還有所謂的「頭屋祭」，由村民輪流負責祭典的相關事宜。雖然少了喧囂的人潮，但也因此更貼近我們對中世紀以前祭典的想像。

接在春秋兩季祭典之後的冬季祭典，也是自古就有的，只不過如今在城市地區已不多見。

冬祭的核心意義，與近世基督宗教的耶誕節或中國曆法的冬至相似，象徵「一陽來復」，也就是太陽回復生機、萬物迎來新的氣息。為了強化這種新生的能量，祭典的特色便是燃起熊熊火焰。

在日本近畿地區，這種儀式稱為「御火焚」，後來甚至發展成與鍛

13 譯註：日本一年之中最重要的五個傳統節日。

治職人有關的祭典。而在一些鄉村則稱之為「齋燈」。這類祭典有可能與宮中舉行的「御神樂」源於同樣的傳統。最初，祭典的主要內容是燃點篝火，但後來逐漸演變為以音樂為主的儀式。

例如，在三河[14]山區近年頗具盛名的「神樂」或「花祭」，以及鄰近信州南部的「雪祭」，雖然依舊保留了燃火的習俗，但更為熱鬧的是其中的音樂與舞蹈。特別是在寒冷地區，人們對春天的到來懷抱著更深切的期盼，因此，冬祭在這些地方顯得格外重要。

十

與冬祭在寒冷山村盛行的情形恰恰相反，夏祭主要流行於平地，特別是在大大小小的城鎮、沿海村落與港口，幾乎所有靠近水域的地方都十分熱鬧。我不認為這完全是因為城市的需求才促成這種祭典，但可以確定的是，夜晚燈火倒映在水面的景色，為祭典增添了格外深刻的印象。

許多農村很早便有一到夏天就要再次祭神的習俗。例如在京都，

「祇園」這尊名號特別的神祇，便是舊曆六月祭典的主神。而在關東及東北地方，人們普遍稱祂為「天王」；將祇園神稱為「牛頭天王」的做法由來已久，人們視兩者為同一尊神祇，現在則統一將祭祀這尊神祇的神社稱為「八阪神社」。不過，其中有相當多的神社是從尾張的津島天王神社分出來的。

這兩間天王神社的信仰內容有所不同，例如，八阪神社祭祀的「八子王」有八尊御子神，而津島天王則只附隨了一尊名為「彌五郎」的小神。除了這兩間天王神社外，還有一些無法歸類其中的天王祭祀。例如某些地方的「天王降臨祭」的儀式便有所不同。但共同之處在於，六月一日、七日、十四日（或十五日）都是祭日，甚至在沒有天王神社或祇園神社的地區，這些日子仍被視為祭日。

例如，在山陰地方，六月一日稱為「蓮華日」，當地人會製作名為「編笠燒」的點心。在九州南部的廣大地區，這一天則稱為「川祭」，人們會祭祀汲水場，並舉行「河童迎神」或「龜仔分送」等儀式，以提醒人們警惕靠近水邊的危險。

14 譯註：舊時行政區，位於現今的愛知縣東部。

這些習俗的詳細記載可以參考《歲時習俗語彙》[15]，這裡就不再贅述。不過，特別值得一提的是「忌食黃瓜」的習俗。有些地方認為，從這天開始便不能再吃黃瓜；有些地方則規定直到這一天或整個六月都不能吃黃瓜。此外，有些地區的人會將自己的生辰寫在黃瓜上，然後放入河中漂流，或是將黃瓜供奉給神明。另一方面，在京都的祇園祭中，也有「御紋瓜」或「瓜生石」的信仰。

如果不能將這一切視為祇園信仰的普及，那麼至少可以說，祇園祭的興盛正是依賴這股廣泛存在的信仰而發展起來的。

對於仰賴農耕維生的人而言，水神的恩惠至關重要。他們不只感謝水帶來的豐收，也深知水災的可怕，於是懇求神靈庇佑，免於災難。但是住在都市、不需親手種植稻田的人們，較少體會到水的珍貴，反倒更常遭受水災之苦。

農村歡迎夏季雷雨，因為那是滋養作物的甘霖；但對都市人而言，雷雨卻是噩夢，只能大喊「桑原！桑原！」這樣的咒語來祈求避開雷擊。在以平安京[16]為首都的時代，人們對此尤為畏懼。或許因為當時都市正在大力發展，瘟疫也時常伴隨而來，人們便以為雷雨與疫病是同一個原因造成的。因此，許多夏祭的起源便與這種恐懼有關，至少當時有留下這樣的紀錄。

御靈信仰不僅是為了安撫暴躁易怒的神靈，更是為了向擁有強大統御力量的天神祈禱，請求祂們壓制災厄，使城市免於浩劫。這類御靈祭與聖靈祭不只在祇園、今宮或上下御靈神社，在北野、男山等地也曾盛大舉行，甚至在某個時期蔚為風潮。

值得注意的是，這些祭典大多於夏季舉行，且多在水邊舉行，顯示它們的起源或許仍與農民的生活習慣密切相關。而那些從農村遷入都市的人，或許很早就知道水能成為瘟疫的媒介，因此加深了對夏祭的重視。

當然，除了屬於御靈信仰這一系統的神社之外，古代還有供奉住吉神的神社，以及供奉惠比壽神的神社。這些神社的祭典並非以驅除瘟疫為主要目的，但它們的祭典場所多半還是在水邊，與依靠交通及貿易維生的人群息息相關。

即使這些祭典的起源與農民的信仰相通，但將夏祭發展得如此盛

15 柳田國男著作。自一九三五年出版《產育習俗語彙》以來，本書作為分類民俗語彙讀物系列中的一冊，由民間傳承會於一九三九年出版。

16 譯註：即現今的京都。

大，並使許多地方的祭典演變為更盛大的「祭禮」，整體而言，正是中世以來城市文化的影響力所促成的。

3 祭典會場的標誌

一

祭典時必定立木，這是貫穿日本神道古今的一大特徵。然而，這一儀式的形式卻在不斷變化，變化之廣、之深，幾乎無窮無盡。僅憑一兩個零碎的事例便試圖推測它的根本思想，不僅不可能，而且很容易得出錯誤的結論。因此，我們必須盡量廣泛地觀察現存的各種形態，即使無法窮盡所有細節，至少應該先承認它的變化繁多。這種態度不僅適用於探討祭典問題，更是理解一切國民生活現象所應當抱持的基本原則。而在日本的祭典研究中，這一點尤為重要。

我們常說，只是依賴書本的話，很難形成一個清晰的概念。因此，即使對祭典問題不特別感興趣的人，依然可以從我的講述中獲得一些有價值的見解。不過，如果一直說「祭典變化繁多」，只會讓人覺得麻煩，甚至失去興趣。因此，我試著進行分類，整理出一個脈絡，並思考這些演變是否都源自某個共同的基本法則，或是因為何故而產生分歧。為了做出合理的回答，我也會盡力釐清可能存在的阻礙與疑問。至今為止，我始終抱持這樣的態度進行研究，而幸運的是，我尚未遇到完全出乎意料的例外。

進行分類時，當然應該從最簡單的方式開始，例如數量或大小的差異。

同樣是為了祭神而豎立旗幟，近年來在個人祈願時，常見的做法是使用「千本幟」。這是一種細長如筷子的木棒，上面貼著紙條，寫上神明的名號、祈願者的姓名與年齡，然後在參詣路旁密密麻麻地插上數十根。不過，在村莊的祭典上，通常只會豎立兩根旗幟，卻高聳入雲，上面用濃墨大大寫著富吉祥意味的文字，氣勢恢宏。

同樣是御幣，我們熟悉的通常是長度約二尺（約六十公分）或三尺（約九十公分），於神前正中央豎立一根，供人朝拜。但在東北地區，這種御幣稱為「御指棒」，而在近畿到山陰一帶，則有一種名為「御幣樣」的御幣，每逢祭典便重新製作，高度可達一丈以上，甚至會立上四根、八根之多。

儘管名稱不同，但從外觀來看，沒有人會認為它們是完全不同的傳統。但如果仔細觀察，會發現這些御幣的製作方式與形狀略有不同，甚至在相鄰地區也未必完全一致，反而是在遙遠的地方，時常能見到驚人的相似之處。這樣的變化必有其背後的歷史與原因。對此，我相信總有一天，我能夠逐步解開其中的謎團，為這些傳統的流變找到合理的解釋。

二

這當中最值得注意的差別，甚至可能讓後人誤以為起源不同的差別，在於有些祭典是豎立活生生的樹木或樹枝，而有些則是使用經過削製的木柱或木棒。兩者的共通點在於，它們都是在祭典當日豎立於祭典會場上，作為儀式的一環。至於選擇哪一種方式，通常是受到當地風俗的影響，或許當中隱藏了一些我們還沒發現的地方特色。

也有一些地方的做法是介於這兩者之間。例如，有些地方會採集新鮮的樹枝，裝飾在削製過的木柱或木棒頂端；又如四月八日的「天道花」，就是將杜鵑或石楠的花枝綁在長竿上，高高豎立於空中。

此外，還有一種更為特殊的儀式，民間俗稱「梢付塔婆」，是一種紀念亡者的習俗，也稱作「祭奠」或「弔祭」。這是一種在亡者逝世五十年或三十三年後舉行的最終法事，象徵亡靈即將正式昇華為神靈，人們會在墳墓上豎立一根木柱。全國各地都有這種木柱，通常是使用新鮮的杉木，四面削白，上面書寫戒名或佛教經文，唯獨頂端保留生長中的枝葉，因此，這種塔婆也稱為「活塔婆」，如今已被視為一般供養用的墓標。如果亡者是神職人員或巫女的家人，也有可以縮短「亡者成神」年限的習俗，例如在土佐[1]地區，相傳有亡者去世滿六年即可奉祀為神靈的說法。這些或許原本就是日本自古以來的傳統習俗，也可能在佛教傳入日本之前就有慣用的名稱了。

如今，墓地中豎立的木柱普遍稱為「塔婆」，但關西與東京近郊的習俗卻有相當大的差異。在東京一帶，親族及友人會各自帶一根塔婆來，因此年長者去世後，墓地上往往塔婆林立，形成一道獨特的景觀。某些地區甚至會直接種植松樹或榊樹[2]作為墓標。在上總[3]沿海地區，

1 譯註：舊時行政

人們種下的樹木一年一年朝天空伸展，最後與新舊墓地的樹木交織成靜謐的林蔭，宛如一座生生不息的森林。在我看來，或許這才是最貼近自然的悼念方式。而如今的「梢付塔婆」，那種只留下杉樹頂端枝葉的形式，應該也不是跟這種傳統毫無關聯。事實上，確實流傳著一些塔婆扎根於地，最終長成參天巨木的傳說。

三

在日本這樣的國家，要判斷最早是使用「立柱」或「活樹」並不困難。過去，我國的山野到處林木茂密，杉樹、樅樹與梅樹[4]等大樹直衝雲霄，松樹也昂然傲立，十分壯觀。在這樣的環境中，要刻意去挑選出一棵最厲害的樹作為神靈降臨之木，反而費時費力。因此，當時應沒必要刻意砍伐樹木、削製成柱，加工成反倒容易腐朽的標誌。後來人們開始使用立柱或木棒，想必是出於新的需求與環境變遷所致。

如果是一望無際的沙漠之國，或是遼闊無垠的草原民族，他們或

區，約位於現今的高知縣。

2 譯註：紅淡比樹，也指用來供神的常綠樹木。

3 譯註：舊時行政區，約位於現今的千葉縣中部。

4 樅樹與梅樹皆為松科的常綠高大喬木。樅樹可高達三十至五十公尺，自然生長於本州、四國及九州的山地。梅樹則可達二十五公尺，主要分布於本州福島縣以南、四國及九州的山地。

許會逐漸遺忘最初的起源，只重視柱子的狀況，甚至改以石柱或金屬柱取代。而日本人自古便與樹木共存，離不開森林生活，且這片土地也很適合樹木生長，因此，我認為一開始，人們透過大自然中的樹木便能輕易與靈界溝通。

不過，要進一步探討為何後人開始使用旗幟、御指棒或梢付塔婆等木製高杆來代替活樹，就會牽涉到更廣泛的民族文化交流與習俗的變遷。簡單來說，祭場的選定，亦即因應人們的意願而必須某個程度改變迎請神靈的場所後，經歷了幾個小幅的演變，才逐步發展成今天的樣貌。

促成這一段演變的，正是日本人長久以來的遷徙與開墾歷程。從上古史的角度來看，這個趨勢可追溯至遠古時代，但在今天仍然可見它的痕跡。無論是朝鮮、滿洲，還是南方群島，每當國人進入新的環境，便會重新感受到這種需求。最初，人們只是接受神明的指引，在某地進行祭祀；後來，開始詢問是否可以在此供奉神靈；再進一步，則是認為必須在潔淨之地建造神社以供奉神明。就這樣，漸漸發展出不同的祭場標誌方式。

5 推古天皇（五五四～六二八），在位五九二～六二八年。異母弟崇峻天皇遭暗殺後，於蘇我馬子等人的擁立下即位。在位期間也就是說，日本人的信仰，在始終不違背神意的前提下，經歷了這樣的演變。這種演變的每個階段都鮮活地留存至今，成為我們文化的一部分。

四

根據歷史記載，以杆柱代替樹木的習俗由來已久。例如，《日本書紀》中記載了一則關於「大柱直」的故事：推古天皇[5]二十八年，群臣在檜隈[6]的山陵外塚上立起一根柱子，其中有一根特別高聳，因此賜予了「大柱直」這個姓氏。雖然在塚上立柱可能與祭祀相關，但這點仍有待考證。

更具代表性的是，《延喜式》[7]中的祝詞慣用語中提到：「於底津磐根[8]上，穩固地立起宮柱……」，其中的「宮柱」一詞，或許會讓人聯想到今日神殿四周的柱子，但如果這些宮柱只是一般建築的支撐柱，它就不會被視為具有神聖意義的象徵物，自然也不會成為信仰的核心。

推行冠位十二階制度、制定十七條憲法，並派出遣隋使。他的在位期間也是飛鳥文化最為繁盛的時代。

6 檜隈，也寫作「檜前」，為大和國的地名，推測為現今奈良縣高市郡明日香村大字檜前一帶周邊數公里的區域。

7 譯註：平安時代中期，醍醐天皇命令藤原時平等人編纂的一套律令格式，對於官制與儀禮有著詳盡的規定。

8 指地底深處的岩石。

神社建築歷經世代發展，非專家難以詳述古今差異，但可以確定的是，在古老的祭祀傳統中，始終有一根特別重要的柱子受到相當的重視。

以伊勢神宮為例，在中世以後，人們開始稱其中的一根柱子為「心柱」或「心之御柱」，賦予它深奧的宗教意涵。我雖然才疏學淺，沒能完全理解其中的神秘，但可以推測，這根柱子與佛寺塔內的「心柱」不同，它是從眾多社殿的柱子中選定出來的，且在豎立時會舉行特別的儀式，例如在柱根下埋藏某些物品等。這顯示出自古以來，即使是國內最為尊貴的宮殿與神社，依然保留著立柱祭祀的傳統。

而更為人所熟悉的便是諏訪的御柱祭。這項祭典的儀式古樸純粹，或許正是古老形態得以保存至今的實例。即使到了今天，依然每隔六年便舉行一次，人們從深山中砍伐高大的樹木後拖運到神社，豎立於社地的四個角落。這四根御柱的高度還有特定的順序，據說正面左側的御柱最高。豎立新的御柱時也會舉辦平時難得一見的盛大祭典。

在信州地區，許多神社仍保留著類似的立柱祭。有些神社會在次年將諏訪本社前的御柱迎入社中豎立起來，有些則會自行豎立自己的御柱。然而，無論形式如何變化，這些祭典無一例外都是當地最隆重的儀式之一。

直到近年，我才知道除了信州之外，東北地區也有許多神社雖然不會豎立如此高聳的柱子，卻仍然遵循古制，立起兩根或三根柱子並舉行祭典。此外，關東地區某些地方，直至不久前仍保留著名為「柱舞」的祭典，特色是豎立一根高柱，並讓人攀上頂端舞蹈，因而聲名遠播。

有人認為，諏訪的御柱祭因為豎立四根柱子，所以可能與建築結構有關，但事實上，諏訪神社本就以「沒有神殿」為特色，因此不可能只是單純的建築構造。或許，這種儀式可由伊勢神宮每隔二十年依原型重建神宮本殿這個「式年遷宮」制度類推而來，但如果兩者確實相關，那麼這種聯繫必然更為深遠。

如今，諏訪的御柱祭給人的印象是「因為立御柱而舉辦祭典」，但我認為恰恰相反——正是因為要舉行六年一度的盛大祭典，才有了立御柱的習俗。這與其他地方的祭典相似，都是透過豎立這些神聖的柱子來標示祭典的場所，宣告這裡是迎接神靈降臨的清淨之地。我想，無論是高大的御柱，還是各種不同大小的神木，應當都承載著同樣的意義。

五

在祭場四周豎立樹木以隔絕外界的不潔之物，這必須是極為隆重的祭典才做得到，不過，也有幾個祭典是以「立木」作為儀式的核心或特色。

例如，紀州[9]岩出村的岩出大宮，古時稱作「總社權現」，是根來寺地主神所鎮守的神社。這裡流傳著一種俗稱「齋刺神事」的儀式。《那賀郡誌》記載，每年八月初一的夜晚，在漆黑的夜幕下，村民會抬著榊樹前往村子的東西兩端，然後豎立起來。途中，隊伍會拖著鐵棒以示警戒，並在行列的前後左右灑水祓禊。據說，榊樹的葉子蘊含神聖的力量，許多人尾隨隊伍只為能摘得一片葉子。

「齋刺」意指將帶有神聖氣息的樹木插於邊界之地。一旦豎立起來，內部便成為適合舉行祭典的潔淨之地。可是，用這種方式圍繞整個村莊，由於範圍過於遼闊，反而會納入某些不潔之物。即使如此，也有許多村莊在祭典時，不是將旗幟立於神社入口或頭屋的家門前，而是豎立於村中道路的兩端，這或許也是昔日整個村莊同心協力，共同遵守齋戒的遺風。

信州的穗高神社也有類似的「境立」儀式，這是在神社四周各十町（約一公里）的邊界處豎立榊樹。《南安曇郡誌》記載了這項儀式的詳細內容，但如今只會在神社重建之年才舉行。要將十町四方這樣廣闊的區域劃為神聖之地，並在立木之後杜絕一切穢物進入，在現代社會恐怕難以每年執行。但在過去，這樣的儀式或許曾經年年舉行，或者當時的範圍比今日所記載的更小。如果能親自赴當地調查，應該還能發掘出更多的線索才對。

在九州，宇佐八幡宮至今仍會舉行名為「柴指」的祭祀活動。這項儀式於每年二月與十一月初卯日的大祭前七天，也就是酉日的深夜兩點左右舉行。儀式中，人們在各個特定地點插下四十五根名為「齋柴」的榊樹枝條，而在正式的文獻中，這一儀式稱為「致齋」，表示即將展開一段嚴格的齋戒期。

這些齋柴所插立的地點自古以來便是固定的，其中三根設於神社境內的特定位置，而那裡本來就有榊樹，因此，齋柴或許是被掛在原

9 譯註：即紀伊國，舊時行政區，約位於現今的和歌山、三重縣南部。

有的樹枝上。其餘四十二根則是安置在本社與末社的主要入口，不會影響到一般民眾的日常生活。不過，當其他地方的居民聽說神聖的齋柴已經插上去時，虔誠的信徒便會自我警醒，端正身心，努力遵守祭典期間的清淨戒律。這樣的習俗，或許正是昔日人們恭敬慎行的傳統表現。

六

在九州的南部農村很常聽到「柴指」一詞，意思是大型祭典的開始。這個儀式本質上與紀州等地的「齋刺」相似，它的核心概念在於以「忌柴」標示神聖之地。在這一天，家家戶戶從山中折取樹枝，插在門口或屋簷下，與正月立松、五月懸掛菖蒲異曲同工。

在奄美大島及其周邊諸島，「柴指」的舉行日期有所不同，有些地方定於舊曆八月的第一個壬日，有些地區則是選擇舊曆的八月十一日。不過，這裡的「柴指」與宇佐八幡宮的祭典活動有所不同，主要是為了祭祀祖先，而非神社的祭典。儀式中，人們在房屋四周或籬笆上插上新鮮的蘆葦葉，表示這戶人家正在舉行祭典。這與南九州的「柴指」本質相同，只是範圍有所差異──宇佐八幡宮的「柴指」僅限於神社入口或神職人員的住宅，而南方島嶼則是全村家戶都舉行這個儀式。

這種習俗的存在，或許揭示了日本祭典演變的一個重要軌跡，也就是說，正月、節句[10]等家家戶戶的年中節慶活動，與村莊神社的共同祭典本來是一體的，後來才逐漸分化為兩種不同的形式。其中，頭屋制度便可視為這兩者之間的過渡形態。有些地方的頭屋會立標誌來表示正在舉行祭典，這與「柴指」的功能相似。頭屋制度本身在各地有不同的形態，因此我們仍能追溯它的演變過程。

對於只熟悉自己家鄉祭典的人來說，或許難以察覺這些變化。但在各地的祭祀習俗中，仍能見到幾個不同層級的祭典，例如由家戶主導的儀式，到神職專管的大型祭典，以及位於兩者之間的「頭屋祭」等。在中國地方的東部地區，除了村落的氏神祭之外，居民會輪流擔任頭屋，負責舉行特定的祭典。這些祭典有時邀請神職人員主持儀式，但基本上是與神社的例行祭典分開的，主要在秋收後或春耕前舉行。關

10 譯註：日本一年之中最重要的五個傳統節日，也稱作「節供」。

東東部的「步射」儀式，近江[11]東部到越前[12]地區的「御構內」，以及遍布全國的「日待」或「二十三夜待」，都與這種祭典相類似。這些儀式雖然被視為祭典，但其實更接近每年的例行節慶活動。

另一方面，有些地區的頭屋會被選定為村中神社大祭的奉仕者，不僅要負擔祭典供品與費用，甚至要提供自己的宅邸當作「神宿」，供奉神靈。東京市內仍然保留著這類頭屋制度，雖然只是單純地履行信仰義務，但在古風純樸的地區，頭屋的職責往往比專業神職人員更加繁重，在某些情況下，頭屋主人會自己擔任一整年的神主，不假外力。從名稱的一致性來看，這些祭典並非各自獨立發展，而是因應社會環境的變遷而發展出不同的形態。因此，我們不得不探討它們的共通點以及最初的原型。

七

隨著時代的變遷，頭屋的選任方式也經歷了不少變革。

根據肥後和男在《宮座之研究》一書中詳細記載的近畿、近江地區的例子，如今最普遍的方式是依照固定的順序來決定。例如，按照輪值的年序或依照房屋排列的順序，這些方式都是事先確定的，無需爭論。此外，也有參照「頭文」或「頭屋帳」等紀錄，從古至今依循既定順序來決定人選。從負擔的角度來看，這種方法似乎較為公平，不過，有些地方是將這個任務視為榮譽或特權，讓志願承擔的人抽籤，最後選出一名負責人。

過去，人們普遍願意擔任這項職責，而且隨時準備就緒，將選任的決定託付於神意。例如，至今仍有一些地區保留「祓籤」或「幣授」的傳統，他們會在許多小紙片上寫下候選人的名字，放入容器中，然後將御幣輕觸這些紙片，最先被觸及的名字便被選為頭屋。此外，在八重山群島偏遠的村落，選定「祝女」[13]的方式也是如此。

這不禁讓人聯想到，或許在尚未出現紙張與文字的時代，人們便已透過類似的方法來卜問神意。而在這個過程中，御幣被當成一種媒介，這樣的安排，我認為絕非單純的巧合。

所謂的御幣，是以木頭削製成木杆，再垂掛白紙而成的祭祀器具，

11 譯註：舊時行政區，約位於現今的滋賀縣。

12 譯註：舊時行政區，約位於現今的福井縣嶺北地方及敦賀市。

13 譯註：古代琉球國的琉球神道教女祭司。

本質上可視為一種「齋柴」。如果理解了這一點，便能自然明白其中的意義。

過去，獲選為頭屋並在來年負責祭典事宜的這件事，稱為「獲指定為頭屋」，也會舉行類似「柴指」的儀式。例如，近江多賀神社負責祭典的人稱為「馬頭人」，在確定人選之際，當天晚上便會有神使從神社前來，在頭人的家門前立起榊樹。在秋田某些古老的神社中，神職人員會送來名為「御指棒」的大型御幣，將它插在頭屋家的門前。

在古代舞劇《烏帽子折》的故事中，敘述豐後[14]的真野長者家門前豎立起一棵宇佐神宮祭典頭人的榊樹。從這些記載來看，似乎這些神聖的榊樹是在主人與鄰里毫不知情的情況下，自然而然地出現在門前一般。

「豎立白羽之矢」[15]這句諺語，過去人們多認為只用在將少女獻祭給神靈的情況，但其實這原本也是一種選定頭屋的方式，意味著這件事超越了人為的決策，完全依照神意而行。在過去的時代，這樣的習俗或許曾經持續了很長一段時間——深夜裡，在無人察覺的時刻，或是嚴禁凡人窺探的情況下，神聖的榊樹便已悄然立於頭屋門前。

如今，頭屋的選定通常是在前一年度的祭典當日進行，因此，任期大多持續整整一年。然而，這樣的安排可能是基於各種方便性的考量，並不意味著下一屆的祭典籌備將立即展開。

即使頭屋已經確定，現在也很少看到立即前往該戶人家插立象徵標誌的習俗。當選為頭屋後，家主通常會先把家裡清掃乾淨，並在四周張掛注連繩以驅逐穢氣。至於真正標示祭典即將來臨的象徵，如「御幣樣」這種大型御幣、笹竹、榊樹，或是旗幟杆等，多半是在接近祭典之日，齋戒變得更加嚴格時才會豎立。無論哪一種形式，這些標誌都在在顯示迎接神靈的祭典已準備就緒了。

這些象徵標誌的形式變化多端，插立的位置也隨時代演變而各有不同。在許多地區，標誌多設於神社前方或神職人員家門口。然而，也有些地方將它們立於祭典負責人「頭番」的家門外，甚至有些地區仍保留著古老習俗，將小型的木製標誌分送到所有氏子[16]的家門前，表示整個社區都參與這項盛會。

14 譯註：舊時行政區，約位於現今的大分縣。

15 譯註：後引申為「在眾多候選者中被選中」、「受到特別指名」之意。

16 譯註：同一聚落、地域的居民共同祭祀的神道神祇稱為「氏神」，共同信仰此神明的信徒則稱為「氏子」。

八

要將這些現象逐一解釋為各自獨立的傳統，恐怕是不可能的。從古時候起，這些習俗或許與南方諸島的「柴指」儀式相似，每戶人家都在相同的時期進入祭典的齋戒期，並以相同的方式展示齋戒的標誌。例如，在京都賀茂神社的祭典前夕，人們會在屋簷的簾子上掛上葵葉，這項習俗在歷史紀錄中代代相傳，可見這個風俗一直延續下來了。只不過，不同地區使用的植物種類與儀式形式各有差異，以致仍有許多人未能察覺其中的共通之處。

例如，在京都西郊的松尾神社，每當舉行「御出祭」，村中的年輕人會進行一種稱為「榊立」的儀式，在夜間悄悄將榊樹的小枝丟到各戶人家的屋頂上，盡量不讓屋主察覺。這種做法可說是古老傳統的殘留，即使祭典的儀式已隨時代變遷，改由神官代表執行，但仍能從這些習俗中窺見昔日社區全員共同參與祭典的影子。

因此，即使現代的人們早已忘記這些習俗最初的由來，只是無意識地傳承著古老的儀式形式，但若能多方蒐集類似的事例，進而一一比較、累積，或許便能逐漸理解其中蘊含的精神與意義。我們目前尚未掌握大量的報告，但已經獲得了一些啟示。

例如，在秋田縣的生保內村，曾有一種稱作「卡庫拉祭」的山神祭典。過去，每逢舊曆十一月的祭典日，名為「法印」的僧侶會到頭屋的家中跳舞。這場舞蹈中有個特別的動作，法印手持一根稱為「御手座」的御幣，這是一種去除了頂端裝飾的神聖木製標誌。法印在舞蹈的過程中，會將這根御幣丟到頭屋家屋頂的茅草上，讓它牢牢插入，因此這項儀式也稱作「獻納御手座」。據說，這個動作需要相當的技巧與訓練，要是反覆投擲後御幣仍無法順利插入屋頂，將被視為不祥之兆，因此並非任何人都能勝任這項任務。這不僅是一種祭祀儀式，也可能是一種特殊技能的傳承與展現。

這種儀式，與先前提到的松尾神社的「榊立」儀式，在形式與目的上頗為相似。雖然一個是針對頭屋，另一個則涉及整個村莊的各戶人家，但兩者的核心精神都是讓參與祭典的人做好心理準備，迎接神明降臨，並使自己與周圍的人都能深刻意識到，他們正要承擔起祭典的責任。

「御手座」一詞多次出現在古老的文獻中，但真正的含義至今仍無法完全釐清。

> 御手座非吾物，乃天上豐岡姬神之御手座也。
> 若能為御手座，得神御手執持，隨行左右，誠為幸矣！

這兩句歌詞都是出自著名的〈神遊之歌〉，各位讀一下應該就能大致理解它的意思了。「御手座」意指獻給神明的供品，讀音是「ミテグラ」（mitegura）。不過，自古以來，日本一直將這個發音寫成「幣」字，也將漢語中的「幣」字讀成「ミテグラ」，因此人們總習慣將這個字聯想成獻給神明的供品。但事實上，簡單地說，我們日本人的「御幣」（ゴヘイ〔gohei〕）和漢語的「幣」不一樣，並不是指向神明敬獻的財物。

「御幣」這個日語詞彙相對較晚才出現，並且是後來才逐漸被賦予「幣帛」的含義，也就是指獻給神明的供品。在這個詞彙誕生之前，原本應該稱作「御手座」，意思是祭祀者手中拿著的「座」，用今天的語言來表達，應該是「神座」之意。

即使到了現在，在伊豆的新島，人們仍稱御幣為「オンテグラ」（ontegura），在淡路島，祭祀田神所使用的小型御幣則稱作「ミチグラ」（michigura）。壹岐島甚至還有一尊名為「ミチクラ（michikura）大人」的神明，或許正是因為這尊神明的祭祀方式和御幣有關。而在對馬島，祭典遊行中所舉起的巨大柱形物則是稱為「カナグラ」（kanagura）。總之，「ミチグラ」的「ミチ」寫成「御手」，這個名稱的由來應該跟手上拿著「座」而移動有關，這一點從上述歌謠中的「得神御手執持」一句不難推測出來。

相反的，如果是固定不動、豎立於特定場所的物品，或是以天然大樹為座，那會稱作什麼呢？目前並沒有明確的統稱流傳下來，但或許「カミクラ」（kamikura）一詞曾經可以廣泛適用。如今，像「クラシシ」（kurashishi）或「クラツツジ」（kuratsutsuji）等詞語，大多意指山中的岩石構造，也就是「岩倉」[17]，但在過去，所有神明降臨的場所皆可稱為「座」（クラ（kura））。後來，人們在祭祀時以手持「座」來移動，

17 譯註：發音為「イワクラ」（iwakura），指由天然岩石構成的神聖場所。在日本神道信仰中，這些地方被視為神靈寄居之所。

因此「御手座」這個名稱才得以長久流傳下來。

無論如何，隨著時代變遷，信仰的形式也發生微妙的變化。古時候，人們固定在某棵大樹下供奉神明，但這樣的習俗並未增加，反倒是移動神座，將神靈請至新場所供奉的方式越來越普遍。與此同時，人們逐漸認定手持「御手座」的人是接受神明指令之人，並且是祭典中最重要的角色。

九

可以說，日本這兩千六百年的歷史，幾乎是一部不斷遷徙與開拓的歷史。從近代對北海道、樺太[18]、臺灣、朝鮮的經營拓展來看，每一個時期，人們都在遙遠的土地上建立新的村落，這些努力皆有紀錄可證。

如果不能藉「御手座」來迎請神明，那麼我們的生活恐怕會十分寂寞吧。因此，這種信仰方式延續至今，才會有朝鮮神社[19]的建立，以及北滿神社[20]的計畫。而且，我國這種固有信仰，正是在歷史悠久的靈山腳下孕育出來的。居住在這裡的人們，每日清晨與黃昏都仰望著高嶺上閃耀的日光與流轉的雲影；或是在古老蒼勁的樹蔭下，或是佇立於形態奇特的岩石之上，每年於同一季節虔誠地舉行祭典，向神明祈願與感恩。他們在這樣的儀式中不斷延續傳統，也在心靈的寧靜與和諧中度過歲月。

正因為這種「御手座」的思想自古便已存在，才使得信仰能夠以如此宏大的規模擴展開來。然而，這種信仰的解釋，始終隨著時代與環境的變遷而演進。為了讓這種信仰的理解更加深入，我們除了依賴當代推理方式之外，還具備了另一種強大的思維方式，正如法國哲學家列維—布留爾（Lévy-Bruhl）所言，這是一種「前邏輯」(prelogical）的思維模式。

簡單地將它歸結為「信仰的力量」，恐怕不夠精確。因為信仰與人類的理性思考既非相對立，亦非彼此無法共存。要不是內心本就有所感知，人類又怎能開始相信那些原本無法想像的事物呢？

我們的祖先所信奉的世界觀與歷史觀，確實蘊含著當今人們所不再擁有的某些要素。其中最顯著的一點，或許可稱之為「末法思想」，

18 譯註：即庫頁島。

19 譯註：在日本殖民統治時期，朝鮮半島各地陸續建立了許多神社，統稱為「朝鮮神社」。

20 譯註：位於中國的哈爾濱。

或是現代人輕率地稱之為「神話世界」的信念。在今日這個現實社會中被視為絕無可能發生的事，在古代或許是真實存在的。這樣的觀念，至今仍殘留在我們的意識中。

「昔日」這個詞，或許與「彼方」的意思有關；而那無法以時間長短來衡量的存在，比如說神代，就是那樣遙遠渺茫的時代。隨著人們更加深入學習歷史，這段時光在人們心中也就更加渺遠，但對那些心靈純真的人來說，神代卻仍彷彿垂落在眼前，近得觸手可及。

在沖繩，人們將這樣的時代分為「甘世」與「辛世」，甚至還有「蒲葵葉世」這樣的稱呼。那是一個萬物有靈、岩石與草木皆能互相交談的時代，一個僅需三粒米便能煮出一整鍋飯的豐饒世界。

但是，隨著人類的聰慧增長，社會變得複雜，人與人之間的關係越來越險峻後，這樣的世界已難再現；而我們的遠祖，卻曾親身經歷過這樣的歲月，並將所見所聞流傳下來。在過去的日本人心中，這不是純粹的神話，而是一種實實在在的認知方式。這樣的信念，儘管不屬於宗教史家所定義的信仰範疇，卻深深根植於古人的精神世界中。

此外，另一種觀念則是與「第二個世界」的交流。人們在夢中與已故父母、故友相會，或是在特定的精神狀態下，看見與聽見平日無法感知的事物。或許對於凡人而言，這些現象難以理解，但靈界的存在始終試圖向我們傳遞訊息。不僅如此，飛禽走獸、草木昆蟲游魚，萬物皆能彼此溝通，只是我們缺乏相應的「天線」，無法接收到這些訊息罷了。

這樣的想法並非某一宗教所獨有，甚至連不信宗教的人也抱持類似的觀點。這可說是一種古老而普遍的人類意識，只是隨著民族不同，表現方式有所差別罷了。在日本，「神靈附體」的觀念特別普及，即神靈可憑依於人身說話，甚至草木萬物也可成為祂們的憑依之所。這樣的信仰，過去一直是民間根深柢固的常識，甚至可說是神道信仰能夠流傳至今的重要因素。

然而，近年來這類外在的「助力」逐漸被切斷，使得許多現象的解釋變得繁瑣且分歧。究竟要不要承認夢境與神諭的真實性，成為信仰的一大分歧點。只不過，千百年來流傳於日本各地的傳說，以及眾多神社所承載的神話敘述，都是誕生於一個將這些現象視為現實的時代。

這些故事並非單純的幻想，而是在某個時代，人們深信它們曾經真實地發生過。

十

我或許稱不上有資格深入探討這個問題，但既然這與我要闡述的內容息息相關，我就不得不加以論述。用今天的大白話來說，信仰的傳播，也就是地方上新設祭場的過程，最初或許正是因為這些被稱為「傳說」的特殊經歷，才得以實現並逐漸興盛起來。

最早關於神靈遷移的紀錄，在東部有鹿島的御子神，在西部則是八幡神進入京畿地區。但是，根據後來的《延喜式神名帳》[21]，地方上的神祇仍多半保持獨立，很少見到從其他地方請來奉祀的例子。那麼，現今的情況又是如何呢？

以北野天神的分靈來看，全國各地已有二萬多間神社；賀茂、春日、八幡、八坂、鹿島、香取、諏訪、白山等諸神的分靈數量也差不多是這個數字。而且，其中有些總社甚至是到了中世紀之後才開始受到人們崇敬。由此可見，這不是自遠古時代起便自然形成的信仰現象，而是自平安時代初期大一統之後才逐漸普及的「神分靈」思想。這種信仰模式，很難用現今所謂的「御手座信仰」、「御幣信仰」來解釋，反而較接近它的前身「神木傳說」，或許我們可以從這裡推測出一條發展脈絡。

隨著神社建築越來越壯觀華美，神木的地位逐漸退為附屬，即使如此，至今仍有許多神社在最顯眼的老樹上繫上注連繩，四周搭設籬垣，並於樹前舉行祭典。例如伊賀[22]至近江、伊勢[23]一帶，於初春時分舉行的「鉤曳祭」便是典型的例子。

關東平原地區也流傳著「八幡太郎的旗立櫻」與「白旗松」等類似的傳說。然而放眼全國，最為著名的則是「倒杉」或「杖立銀杏」等故事。例如，傳說中某位雲遊四方的高僧或是戰功顯赫的將軍，曾將手杖插入地面，結果這根手杖竟奇蹟般地生根發芽，逐漸長成參天大樹。又或者，有人將箭矢射入土中，或隨手將用餐的筷子插入地面，祝願此地繁榮昌盛，如果願望成真，筷子便會生根長大。這類傳說在數量

21 譯註：西元九二七年完成的《延喜式》卷九、卷十，當時作為「官社」的全國神社總覽。

22 譯註：即伊賀國，舊時行政區，約位於現今三重縣西部的上野盆地一帶。

23 譯註：即伊勢國，舊時行政區，約位於現今三重縣的中央大部分地區。

上是最為豐富的。

相類似的還有「投杉」與「笈入柳」的傳說，人們拿某地原有的神木枝條插在別的地方，如果順利生根，就認定該處適合作為祭祀場所。這類故事至今仍偶有耳聞，因此後人聽來並不覺得荒誕。而在古代，人們相信只要是神意所指，或是負有使命之人所為，或是該地確實適合奉祀神明，那麼拄杖生根、枝條成樹便是理所當然的現象。

只是，隨著時代變遷，人心不再單純，這樣的事件才被視為奇蹟，唯有在極其特別的情境下才可能再度發生。不過，這種思維方式並未完全消失。當然，這些神木往往已是老樹，人們才開始相信它的神聖性，但無論是基於推測，或單純只是幻覺，總歸是因為人們內心仍然渴求來自外部的神祕力量，這種信仰才得以延續至今。

十一

在這新舊交錯、錯綜複雜的文化中，試圖釐清並找出國家自古傳承下來的根源，無疑是一項極為艱鉅的任務。但值得慶幸的是，日本作為一個民族，其內部的結合相較於其他國家來說異常單純。正因如此，在漫長的歷史發展過程中，幾乎沒有遭遇過嚴重的阻礙或混亂。一方面，文化經歷了多層次的演進與變革，留下了明顯的時代印記；另一方面，由於某些條件的缺失，使得某些文化元素未能順利發展，反倒因緣際會地以最原始、最純樸的形態保留下來。透過比較這些不同階段的文化變遷，我們便能逐步追溯那些未被文字記錄的歷史足跡，這也正是日本民俗學的立足之本。

為了檢驗這種方法的可行性，「日本的祭典」便成了一個適合探討且饒富趣味的課題。即使在祭典儀式中，已經發展出如社殿中央豎立金銀御幣這類宏偉的象徵物，仍可看到另一種古老的習俗流傳不息。例如，在津輕岩木山，人們會折取松枝；在京都，人們則採摘稻荷山的杉葉或愛宕山的樒葉；而在熊野與伊豆的靈山，人們則帶回梛樹的葉片。這種取靈場之木的習俗至今仍廣泛流傳。

山裡成千上萬的樹木中，總有一些樹，即使樵夫想要砍伐也遲遲無法下斧，最後這些樹木脫穎而出，長得高大挺拔，甚至成為遠方都能望見的標誌。至於哪一種樹會被視為神木，則是因地而異。最常聽到的例子有「鴨枝」，即只向單側生長的樹枝；「窗木」或「日通樹」，即樹幹從根部分裂為二；以及「笠松」，指樹枝末端逐漸下垂，宛如斗笠覆地的松樹。在東北地區，人們則尊崇那些生長成三股分叉的樹木，認為它們是神的象徵。

此外，西方學者所提及的「霹靂木」，即據傳有人親眼見到神靈降臨其上的樹木，這種說法在日本自古以來也有流傳，如今仍有蹤跡可尋，但並未成為普遍的信仰。

或許還有另一種方式，即由具有特殊心理狀態的人（在民眾眼中被視為受神力支配的人）來進行決定。在諏訪的御柱儀式中，最引人注目的部分莫過於一開始進入山中挑選作為御柱的樹木。如今，因為山林屬於國有林地，所以必須獲得林務官員的同意，但過去是由神職人員攜帶鐮刀進山，選中某棵樹後，以鐮刀砍入樹身以示決定。據說，這個儀式仍保留至今，只不過已簡化為一種形式而已。

這把鐮刀形狀很特別，刀刃前端帶有開口，背面則有鋸齒，被高舉在祭典行列的最前方，引領隊伍前進。當地人稱這把鐮刀為「薙鎌」。

奇妙的是，各地山林中的巨木上很常有這種薙鎌，或許是因為近年來伐木活動頻繁，使得這些鐮刀得以重見天日。由此推測，過去除了用來選定要當作御柱的樹木外，或許還有在其他樹木上砍入薙鎌的習俗。

在白馬山麓的小谷鄉，至今仍流傳著這樣的口述傳說：「過去，每年都有一種叫做薙鎌的東西從諏訪過來，界定國境。」這或許意味著，昔日山中的祭典，也曾以薙鎌來決定哪棵樹將成為神靈降臨之所。

在廣闊的原野上，如果有一棵孤立而高聳入雲的大樹，或是形態與其他樹木截然不同，人們也許憑直覺便能感受到它是一棵神木。像是「杖銀杏」或「逆杉」這類樹木，平常並不常見。原本應該向上生長的樹枝，卻全都向下垂落，人們自然聯想到，這或許是某位先人將拐杖插入地面，後來竟然生根發芽，長成了如今的巨木。而即使沒有這樣的想法，像「傘松」這種樹木，枝條末端漸漸垂向地面，或許也是為了讓從天而降的神靈能夠藉此作為梯子，方便降臨吧。

我的著作《信州隨筆》[24]中曾經提到，像是「垂栗」或「垂櫻」這類樹木之所以特別受到人們的注意，或許也是基於同樣的信仰延伸而來。

24 柳田國男著，初版由山村書院於一九三六年十月出版，內容探討信濃地方的風俗與事物，並論及對樹木的信仰。例如推測垂枝櫻曾被植於靈地，並提到垂枝栗與天狗信仰相關的習俗，認為人們對枝葉下垂的樹木懷有一種特殊的靈異感。

而如果進一步推測，人們將幽靈畫在柳樹下的習慣，說不定也是源於這種觀念。此外，紫藤、葡萄這類蔓生植物，在許多地方仍被視為不宜種植於民宅庭院的植物，這也顯示出，過去人們確實曾經根據植物的生長形態，賦予它們不同的象徵意義。

然而，如果回溯到更古老的時代，山野仍被參天古木覆蓋之時，僅憑樹木外觀來區分神木的方式恐怕不夠實用。因此，人們還會尋找更具決定性的手段，以辨識出真正能夠成為神靈居所的樹木。而在這樣的背景下，或許像諏訪的「薙鎌」這樣的儀式道具，正是當時選定神木的古老方式之一。

如今，薙鎌的用途已被遺忘，只留下些許痕跡可尋。但從過去的紀錄來看，它曾是祭典中的重要儀式，就如同今日的豎立御幣一樣。這點可從能登、紀伊、岩代等地的諏訪神社中找到印證，因為這些地方流傳著在神木上砍入鎌刀的習俗，而這種做法反倒在本社不太常見。再結合諏訪御柱祭中以薙鎌來選定木材的習慣來看，或許最初的方式，是由人們將鎌刀遠遠拋出，從茂密的森林中選出當年的神木。這樣的推測，雖然尚未得到確切的證明，但仍有一些線索可以佐證。不過，再深入探討下去，話題將變得過於瑣碎，因此這裡只做簡單的說明就好。

此外，值得比較的是，在東部地區，如甲州的笹子、相州[25]的箱根，或津輕與秋田交界的矢立峠等地，山頂上皆有名為「矢立杉」的大樹，傳說人們曾向這些樹木射箭以祭祀神靈。根據百餘年前的紀錄，今屬大分與宮崎兩縣交界的梓峠，也曾有一棵巨杉，人們砍伐時，發現樹中藏有大量的鐵鏃。東北地方也有類似的傳說，例如仙台近郊愛島村笠島的道祖神神木，據說樹幹中曾發現箭矢的痕跡。

向神木射箭，乍看之下似乎不太合乎敬神的態度，但或許這原本是一種辨識神靈依附之樹的方式。後來，當神木的所在地點逐漸固定後，人們便轉而在這棵老樹上射箭，作為祈願儀式的一部分。我認為，這反映出過去的祭典並非總在固定地點舉行，而是每次在不同的靈域內選擇特定地點，直到某個時期後，才逐漸演變成圍繞著同一棵神木反覆舉行的模式。不過，這仍是一種新的假設，還需與後來的學者一同加以檢證。

25 譯註：即相模國，舊時古代行政區，約位於現今的神奈川縣。

十二

要探討這個問題，首先需要考察今日神社建築的發展歷程。隨著建築技術的進步，神靈的居所逐漸成為固定的設施，祭典的舉行地點自然也隨之確立。這樣一來，神木的地位益發重要，成為不可更換的象徵，也就更需要向世人與神靈標示這棵樹正是去年舉行祭典的那一棵，以確保祭典的連續性。

因此，平時除了在神木上懸掛注連繩以驅避穢氣外，當接近祭典之日，要開始齋戒時，還必須特別加以裝飾，讓神木更為顯眼。而「穗手」（ホデ（hode））一詞，幾乎可以確定就是指這類標誌的其中一種。

目前所遺存的「穗手」，除了宗教用途，也廣泛運用於其他場景。例如，在共有的伐木山林、草場或採集野生栗子的地點，人們會豎立一根木棒，並在頂端綁上稻草或茅草，以標示該地正在使用中，禁止他人在採集完成之前擅自取用。至今，東北地區仍然稱這種標誌為「穗手」。此外，在海岸邊，也有人使用類似的方法來標示「禁止撿拾漂流物」、「禁止採摘松蕈」、「禁止收刮松葉」等規範，不過這類標誌是否也

26 位於神奈川縣中部大山地區的大山寺（阿夫利神社），供奉石尊大權現。參詣此地稱為「石尊參」、「大山參」或「大山詣」。

27 譯註：舊時行政區，約位於現今的秋田縣及山形縣北部。

28 譯註：「修驗道」是

稱為「穗手」就有待詳細查證了。

更廣為人知的則是在戲劇舞台或相撲場的櫓上所高高懸掛的大型紙製「御幣」，這種標誌稱為「ボンデン」（bonden），實際上也是「穗手」的一種。在東京，大山石尊[26]的信徒登山時所奉獻的大御幣，或者在羽後[27]的保呂羽山、大平山等參詣活動中，作為重要象徵的「ボンデン」，本質都與「穗手」一樣。

不過，修驗者[28]或神宮寺院的人往往將「ボンデン」寫作「梵天」，並作梵天的解釋。然而，這根標誌用的木棒與佛教的「梵天帝釋」似乎沒有直接的關聯。民間自古以來，時常有這類錯誤的解釋，甚至刻意流傳讓人摸不著頭緒的說法。佛教方面也有類似的現象，例如某些地方為供養而立起高大的塔婆，稱之為「大梵天」，甚至改寫成「大寶天王」，進而演變出「這是文武天皇[29]的遺蹟」這類令人驚訝的傳說。

學識豐富的人或許聽說過「紙垂」這個詞。它讓人聯想到「低垂」，例如柳樹的枝條低垂之意，但是否真是同一詞源，我還不確定。古代還有一個詞叫「齋垂」，指的是織布所用的各種纖維，特別是苧麻的絲

一種融合式宗教，將神道和佛教的元素與道教、古代泛靈信仰，以及在日本某些聖山中舉行的巫術儀式等融合在一起。修驗道的信徒則稱為「修驗者」。

29 文武天皇（六八三～七〇七），在位六九七～七〇七年。接受祖母持統天皇的讓位而即位。在位期間完成並施行《大寶律令》，並且派遣隔三十三年的遣唐使。

線，呈現出蓬鬆下垂的樣子，這個用法至今依然可見。

「紙垂」的本意其實是一種標記，用來向神明與人們宣告——這棵樹乃是最為神聖之樹，是供奉神靈的所在。但不知從何時起，「紙垂」與「幣」這兩個字混淆了，甚至被統一書寫為「幣」這個漢字。也許是因為，古時候人們用掛有「紙垂」的木杆或小棍來迎接神靈，後來更將神靈喜愛的供品一同綁上去，於是這兩個字漸漸被視為同義。然而，目前仍難以斷定這是否為真正的起因。

古代文獻記載，過去人們向貴人進獻物品，無論是野禽如雉雞、鶉鳥，還是如書信般的贈禮，都不會直接用手捧上，而是綁在樹枝上再送上去。後來，隨著籃子、台座等器物的出現，這種古老方式逐漸消失，但至今仍可看見部分遺風，例如致贈紅豆飯時，仍會附上一小枝南天竹葉。

在今日的祭典中，人們會在樹上插上紅白絲絹，另外再豎立白色紙幣，但這些應該屬於「幣」，而非「紙垂」。至於它何時成為固定習俗我也不知道，但「御手座」被稱為「御幣」，確實源於「紙垂」與「幣」的混淆，這點無庸置疑。

這些看似無關緊要的變化，卻使得最初「立木作為祭典中心」的本意變得模糊，進而導致小村落裡僅憑一根「御幣」便能進行祭祀的信仰，與隆重祭禮之間的共通性變得難以理解，甚至有人認為兩者本質不同，不應混為一談。如今，人們剪紙製成「御幣」，工藝精緻，剪裁方式日益複雜，使得人們只關注其外形而忽視了「紙垂」的真正意義。也因此，許多人沒有察覺到「御幣」的關鍵在於「幣串」，而它與今日神道葬禮中廣泛使用的「玉串」，即綁有榊樹小枝的祭品其實系出同源。

然而，紙張並非自古就在村落中普及開來。在此之前，「紙垂」這樣的東西早已存在，因為信仰的需求始終不變，而習俗則是隨時代變遷。如果前往日本中部的鄉間，觀察正月期間家家戶戶的神祭，便能一眼看出這些演變的各個階段。例如，現今人們將潔白修長的紙條垂掛於神木上，稱為「八丈垂」，綁有這類紙條的注連繩稱為「八丈注連」，而紙張則稱為「八丈紙」。除此之外，還有稱作「穗垂」或「飄垂」的裝飾。在信州地區，這兩者被視為不同的物品，但其實都是源自於古時候的「削掛」或「削花」。在關東及伊豆群島等地，人們甚至簡單地稱之為「花」。

如今，削製「削花」的技藝逐漸衰退，僅留下簡單的樣式，因此有些人誤認這是模仿蝦夷族的風俗。然而，在紙張尚未普及，人們還沒能用紙張剪製紙垂之前，最為華麗的春祭標誌便是這些削製的花飾，它不僅是人們手持或祭壇上的裝飾，更是祭祀的重要象徵。

製作這些花飾的職人當然會選擇白皙柔軟的木材，並且精心磨利刀具。不過，比起技術的衰退，更令人惋惜的是，古人曾經擁有的專注精神、耐心與慎重態度，如今已然流失。在正月製作的各式祭祀棒中，分布最廣的是「祝棒」，此外，還有給孩子們用來驅趕鳥群、敲擊果樹的棒子，或是用來輕拍新婚婦人臀部的「孕棒」等類型。這些祭祀棒依照不同地區的習俗，展現出新舊交融的多種樣貌。有些掛著長長的紙穗，有些貼上繪圖或花紋紙張，有些則以「左卷」方式纏繞木皮，並以爐火燻染出獨特的紋樣。而最古老的形式，則是將木條削製成「削掛」，讓細長柔軟的纖維自然垂墜下來，呈現蓬鬆飄逸的姿態。

最近，我曾看過霧島山麓一位老農親手製作了一根「孕棒」。他選用川楊木，將一半削製成「削掛」，長達二尺（約六十公分），絲毫不見殘缺散落。這讓我不禁想到，在遠古時代，當人們尚未使用紙張剪製紙垂，唯一標示神木的方法，便是這種削製技術了。

十三

還有幾點值得一提的地方，但由於內容實在過於廣泛，就先在這裡做個小結。總而言之，日本的祭典無論大小，無論是在城市或鄉村，又或是村落的公共祭典與家庭內的儀式，至今無一不是以樹木為中心展開的。因此，若要問什麼是古今貫穿我們民族的特徵，或者與西方人普遍持有的信仰儀式有何明顯的不同，至少這點是可以明確指出來的。

或許有人認為十字架與耶誕樹也是所謂的「樹木崇拜」[30]，但要證明這點還需要進一步的論證。可日本的這種傳統祭典文化，只要親眼看見，便能明白它的獨特性。我們只需要事先了解一件事：隨著生活環境的變遷，這些儀式歷經了無數的變化，其中最為關鍵的一點，就

30 源自德語之中的「Baumkultus」，「baum」為樹木，「kultus」為儀式、崇拜之意。

是人們的遷徙增加了「御手座」的需求，促進了它的廣泛使用。

例如，御幣，也就是御手座，本是一種驅邪的法器，人們認為唯有身心潔淨之人才能站在它的下方，這與驅邪的目的雖然相同，但邏輯順序卻是相反的。此外，御幣也被用來占卜神意，例如「御祓籤」這類儀式，或是在召請神靈的儀式中，由祭司持御幣搖動，藉由御幣擺動的方式來解讀神明降臨的徵兆。這種將自然現象轉化為儀式手段的做法，經歷了長年的累積與演變，而我們可以將它視為日本祭典發展的一個重要階段——它促成了一種新的信仰現象，即所謂的「參詣」。

而最大的改變是，人們逐漸認為，能夠手持這個木製祭具「御手座」的人，都是具有特殊身分的。過去在家族或門閥之中，擔任這項職務的人雖是自然而然確定下來的，但主要還是取決於那個人的身分與當時狀況，因此在某種程度上也被當作是神意的顯現。換句話說，最初單純是因為手持「御手座」而被視為特殊人物，但不知從何時起，這樣的觀念發生了逆轉，人們開始認為，正因為某人本身具有特殊身分，他才有資格手持這項祭具。

這種變遷的具體例子，至今仍可見於歌舞伎的《保名》與《班女》

等劇目中，角色登場時都會在肩上掛著細竹枝。為什麼在狂亂之時會手持竹枝呢？恐怕很少有人能夠準確地回答。其實這是從能劇的「物狂」舞蹈延續下來的形式。在謠曲《歌占》中就有這樣的描述——一旦手握竹枝，便會蒙受神靈附身，陷入瘋狂。此外，在許多描寫癲狂女子的戲劇中，也常聽見「請盡情狂舞一番吧！」這樣的話語。原本，手執竹葉是陷入狂亂的條件之一，如今這層意義卻顛倒了，變成唯有瘋狂之人才會手持竹枝。

同樣的情形也可見於巫女[31]與尸童[32]的家族。雖然他們不會那樣陷入狂亂，但他們之所以擔任神職，最初是因為家族本身是歷史悠久的主要宗家，所以才會代代供奉神祇；但後來這種供奉神祇的行為逐漸演變為世襲制，家族內外的人開始認為，繼承這一神職的目的已不再是純粹的信仰，而是為了維繫家族的門第與地位。

從事祭祀活動成為專職，背後有著多重的因素，其中確實有致力於闡明神道深奧與神聖性的人，但另一方面，也不乏為了維護自身特權而極力獨占祭祀權力的人。特別是在中古時期之前，這些人的權力

31 譯註：在日本神社中輔助神職的女性職員。

32 譯註：神靈附身的童子。

受到法師與陰陽師的支持，於是認為大眾都是愚昧無知的，並利用自身的智識優勢來操控信仰。有時，原本簡單易懂的事物被刻意複雜化，甚至被賦予神祕色彩，導致國民的信仰扭曲變形，許多人終其一生都沒能真正理解其中的本質。

舉例來說，御幣的剪裁方式，顯然是紙張普及之後才發展出來的技術，但它卻發展到極端複雜的地步，以致於非得請專門從事祭祀活動的「大夫」或「法印」來操刀，否則無法完成。這些技藝被稱為祕傳，平時深藏不露。然而，雖然現今的御幣已經回歸簡約，但由於這段歷史，使得人們自行祭祀神明的意識受到了阻礙，導致祭祀活動變得過於形式化與草率。

祭典，原本是國民生活中極具精神價值的一種消費行為。正因為它的存在，我們的生產活動才不至於淪為單純的物質追求。然而，當祭典與經濟利益緊密結合時，所衍生的問題已經數不清了。其中最值得我們反思的，便是個人祈願的盛行，這在過去幾乎是不存在的。另一方面，當我們回顧神道歷史，會發現多數的紀錄皆來自以祭祀活動維生的人，而我們這些過去真正仰賴祭典，並從中獲得最大恩惠的普羅大眾，如今卻只能依賴這些紀錄來理解祭典的變遷，別無他法。未來，關於日本祭典的學問，必須再進一步發展開來，才能真正理解它的本質與意義。

4「物忌」與「精進」

一

所謂祭禮的「ヨミヤ」(yomiya),有時寫作「夜宮」,但實際上它指的是「忌屋」,也就是守護禁忌的場所。或許有人早就注意到了,這不是無憑無據的推測,只要稍微比較各地對祭典前一晚的稱呼,就能發現其中的端倪。

例如,在德島縣這片廣大的土地上,人們將「夜宮」稱為「ショウジリ」(shoujiri)。當地人都知道,這個詞其實就是指「進入精進狀態」(ショウジンイリ〔shoujiniri〕),也就是說,祭典的奉仕者最晚從這一天開始,便得進入齋戒潔淨狀態。

「精進」一詞雖然源自漢語,但傳入日本後,被賦予了獨特且具體的內涵。即使到了今天,人們仍能大致理解這個概念,雖然不夠精確,但依然將它視為「憑藉意志力來自我約束的一種行為」。然而,許多人並不認為這是神道本來就有的習俗，反而覺得可能是受到了佛教的影響。

這種認知的混淆，主要是因為「精進」一詞同時被神道與佛教使用，導致它在兩者之間的意義相互交錯。其實，只要稍加探究，便能發現兩者並非完全相同。

為了完成祭典所需的齋戒潔淨，人們需要一個與日常生活隔絕的建築空間，而佛教並沒有這樣的修行方式。住在大宅邸的人，可能會劃出宅邸的一部分空間作為齋戒場所，但通常是另外蓋一間臨時的小屋，稱為「精進屋」，或者事先準備一間可用的獨立建築，有時也會選擇一間普通民宅，經過淨化儀式後，作為臨時的齋戒場所。無論哪種方式，這些建築都有各種特別的稱呼，例如「精進屋」或「神宿」。

在九州南部及周邊島嶼，這種精進屋稱為「花屋」。通常，它們與供奉神明的祭場相鄰，或者直接設立在祭典舉行的場地內。現今在神社前方所見到的大型建築，無論是稱為「拜殿」的參拜場所，還是販賣御守、繪馬的「社務所」，大多是從過去的精進屋演變而來的。

如果回溯這類建築最初興建的背景，或許它們的主要目的就是為了容納那些進行齋戒修行的人，使他們能夠遠離塵世雜念，專心投入祭典的準備與儀式當中。

二

這裡要探討的一個問題是，既然「精進」這個漢語是日本化以後的外來語，那麼在這個詞彙傳入日本之前，人們是怎麼表達這種狀態的呢？古語中確實有一些詞彙能夠表現出類似的意涵，例如「忌」、「忌籠」、「清淨」等，但這些詞彙過於古雅，不太適合作為近世庶民日常用語。我推測，在過去，「籠」這個詞，意指閉門不出，應該是最為人熟知且足以表達這種行為的。

例如，在八丈島的村落裡，「籠」至今仍然指的是「宵宮」、「夜宮」，也就是祭典前夜。而在越後新潟附近的村莊、福島縣的相馬地區，以及宮城縣的石卷一帶，「御夜籠」都用來指稱「宵宮」。儘管如今已不再有人通宵留在神社中守夜，但「籠」這個字的意涵仍然深植於當地人的記憶之中。

事實上，在許多地方依然保留著類似的傳統，例如「秋籠」是對豐收的感謝祭、「雨籠」則是祈求降雨的儀式，這些活動通常在白天舉行，人們會聚集在神社中進行祭拜。而在漁村中，家中的男性出海捕魚時，女性則會「籠」在神社中，房總地區的人將這種儀式稱為「下籠」或「降籠」，其中的「下」或「降」的意思是將船放入海中。同樣地，在山村中，男性外出狩獵時，女性也會在家中「御籠」。

這些參與「御籠」的人們，當然都清楚這是一種祭祀神明的儀式。然而，隨著時代變遷，這個詞彙的使用範圍變得更加分散，在某些地方「御籠」已經逐漸偏向帶有紀念性質的歡樂聚會，而不再只是單純的宗教儀式了。

例如，在正月十五日或七日舉行的御柱火祭，京都稱為「左義長」，九州則稱為「鬼火」或「法顯行」。然而，在日本東部地區，許多地方稱之為「塞之神」或「塞戶燒」。這項火祭的祭柱底部或側邊，通常會搭建一間臨時小屋，而按照傳統，村中的孩子會在祭典前夜進入小屋，一邊喧鬧玩樂，一邊等待黎明的到來，然後在清晨將小屋與祭柱一同焚燒掉。

據說，我現在居住的村落曾經發生過一起悲劇。有一年，一個熟睡的孩童在小屋中被大火燒死，從此便停止了這項習俗。但在附近的村莊，儘管不再有孩童在小屋內過夜，卻仍保留了夜晚聚在一起吃喝玩樂的傳統，這種習俗直到近年這個非常時期才終於消失。

而在以飛行場聞名的所澤市，過去也曾在正月七日舉行這種火祭，當地人將前夜的儀式稱為「籠」。此外，在東北地區的某些地方，初午祭[1]前一晚，孩子們聚集在供奉稻荷神的民宅中共度時光，這種儀式則稱為「御夜籠」。雖然這些活動的參與者僅限年幼的孩子，形式上也十分簡單質樸，但它們依然是自古流傳下來的重要祭典之一。

九州一帶稱「宵宮」為「御屋籠」，每逢盛大的祭典，人們會在夜晚齊聚神社的社殿。不過，除了這樣的夜間活動外，「日籠」或「晝籠」的次數更為頻繁，這些活動主要由婦女與年長者等較為清閒的人參加。他們會攜帶裝滿食物的便當盒與裝滿御神酒的酒壺，聚集在神社裡面一起用餐。

1 譯註：「初午」是每年二月的第一個午日，日本各地的稻荷神社會在這天舉行祭祀稻荷神之禮。

這種聚會有時也稱作「宮籠」，但許多人都把它當成單純的懇親會。由於通常選在春秋兩季天氣最宜人的閒暇日子舉行，在某些地區，人們甚至把它當成單純的社交活動，只是借用神社的拜殿作為聚會場地。特別是在下關及山口縣各地，這樣的習俗尤為盛行。

即使如此，參加者仍會在開始時先向神明行禮，並將帶來的美酒與美食分別放在椿葉上，先供奉神明，事後再分食、交換彼此的食物。過去，這本是一項在夜間舉行的儀式，據說在長門[2]的見島等地，年長者會徹夜留守神社，而家中的女兒或孫子則會送上下酒菜，這是他們一項溫馨且莊重的責任。此外，在豐前[3]京都郡等地，還曾特意請來神職人員主持祭典，進行祓禊儀式後才開始一起用餐，可見這不是單純的娛樂聚會，而是帶有神聖意義的儀式。

不僅如此，除了於春秋兩季舉行的例行聚會之外，每當有特殊的祈願或還願需求，人們亦會採取相同的方式舉行「宮籠」。根據不同的目的，這些聚會被賦予各種名稱，例如「風籠」是祈求風調雨順，「植付籠」是祈求農作物順利生長。此外，當家中有人生病，還會舉辦名為「七人籠」的儀式，邀請許多人一同參與祈禱，希望藉由眾人的誠心祈願，讓病患得以早日康復。

三

換句話說，「籠」才是祭典的真正核心。原本的祭祀，便是眾人齊聚於神明面前，奉上酒食以款待神明，並在祂的座前恭敬地陪侍。而在這段儀式結束後，眾人再於下座處共同享用獻給神明的食物，這便是所謂的「直會」。

不過，由於「直會」一詞的語源至今還不清楚，因此無法斷定它的確切含義；只是，如今約有一半的神社將「直會」單純視為事後享用供品的儀式，這恐怕是一種誤解。如果「直會」如我所想像的，原是神人共食、共享恩賜的儀式，那麼不僅飲食必須極為潔淨，參與者也必須保持身心純淨，絲毫不得沾染污穢。如果有所怠慢，神明不僅不會接受祭祀，甚至可能因此震怒。這種嚴格的戒律，正是我們同胞信仰的一大特色。

2 譯註：即長門國，舊時行政區，約位於現今的山口縣西北半部。

3 譯註：舊時行政區，約位於現今的福岡縣東部、大分縣北部。

至於什麼狀況是「污穢」、什麼狀況是「物忌不足」，自古以來並沒有明確的解釋，而是透過行為與直覺來判斷。隨著時代變遷與外來文化的影響，這些觀念的界線或許有所浮動，但多數國民在漫長的歷史中並未受到太大的影響，反而保留了相當古老的傳統。只有少數接受學術教育的人，自年輕時便逐漸脫離鄉里的保守習俗，因而無緣參與這些重要的傳統祭祀。

在這場講演中，最為複雜且極具意義的議題，正是關於「物忌」的觀念。我們的祖先極為重視潔淨，並將達到最嚴格的潔淨狀態視為一種修行。這種修行最早稱為「物忌」，後來又稱作「精進」，並透過「籠」來澈底實踐這個信念。

佛教也用「精進」這個詞彙，所以兩者時常混淆，但其實內涵有明顯的差異。例如，在佛教的精進戒律中，嚴格禁止食用任何動物性食物；而神道的精進則只有忌諱獸肉與血。此外，佛教對於「火」的使用較為寬容，而神道卻格外講究「合火」的禁忌，避免與不潔之人共用火源，甚至事前就得分開使用。

從更積極的角度來看，神道極為重視水的淨化力量，認為水能夠洗滌污穢；相較之下，佛教源於水資源較匱乏的地區，因此更強調以香氣來取代洗滌的作用。更大的差異則在於對於「死穢」的態度——神道極度忌諱與死亡相關的穢氣，這種信仰早在大化年間（六四五～六五〇年）的紀錄中便已明確可見；然而，佛教，尤其是在民間廣泛流傳的宗派，反而不太避諱死亡，這種寬容的態度使它在社會競爭中占得優勢。但也正因如此，佛教僧侶無法親近神祇。例如，除了一向宗[4]不受此限制外，其他宗派的僧侶一般不參加神道儀式，甚至在部分地區，寺院的年初拜訪要等到正月四日才開始，以避開神道的新年祭祀。某些地方還有規定，在正月前，必須取下門前的注連繩與松飾，僧侶不得穿越神社的注連繩下方。此外，從古至今，宮中在舉行神事時也會排除僧侶的參與。

由於人們視喪禮為不吉利之事，如果在祭典或新年期間遭遇親人去世，就是加倍的不幸。光這一點就足以證明神道與佛教的「精進」概念截然不同。然而，現今這種區別逐漸模糊，甚至出現了錯誤的觀念——由於佛教的精進在飲食禁忌上更為嚴格，許多人以為遵守佛教戒

4 譯註：淨土真宗，是日本佛教主要宗派之一。

律便能涵蓋神道的種種要求，於是產生了錯誤的安全感。此外，現代社會普遍接受神職人員主持葬禮，卻沒意識到這可能會衝擊神道對「物忌」的重視。這種變遷席捲朝野，令人不禁感嘆時代的巨大變化。

四

關於這個問題，其實自中世以來，日本人便苦惱不已。為了尋求平衡，陸續提出各種解釋與折衷方案，整體而言，讓神道的「精進」變得更簡便的趨勢，早在古代就已顯現出來了。

儘管「籠」的形式至今在全國各地仍大致相同，但它的內涵，也就是「物忌」的嚴格程度，卻因地區不同而出現多達數十個不同等級的變化，最終，以此為特色的神社越來越少，少到幾乎難以一一列舉，而僅存的那些，也不知還能延續多久。畢竟，如果不曾親身體驗這兩種不同的齋戒方式卻又身居決策地位的人越來越多，那麼這些傳統逐漸式微、最終消失，也就成為必然。不過，至少在今天，還是能見到些許古老儀式的遺跡。

「物忌」最嚴格的規範，主要體現在持續時間的長短。古人通常認為，要使自身達到適合祭祀的狀態，至少需要持續七至八日，也就是從月相的半弦至滿月，大約是整個月分的四分之一。然而，對於每日都得勞動謀生的人們來說，這無疑是最為艱難的經濟負擔。因此，許多人便將時間縮短至祭祀前的二、三天才開始準備，並在前夜祭時正式進入齋戒狀態。但從古制來看，「籠」原本應該更早開始才對。

在我所知，目前祭前齋戒仍廣泛實行的地方，當屬京都南方的祝園村，那裡的「忌籠祭」仍保存相當嚴謹的傳統。井上賴壽在《京都民俗志》中便詳細記載了這項祭典，而且，祝園村的鄰村也有類似的儀式。

以祝園村來說，每年正月的第一個申日會舉行祭典，如果當月有三個申日，則選擇其中的第二個。在祭典前整整兩天，氏子家家戶戶便開始進行齋戒。由於這段期間人們皆待在家中，因此也稱作「居籠」，但名稱的起源應為「忌籠」，意指避忌不祥、閉門修持。

在這兩天的齋戒期間，人們白天小憩，夜晚則保持清醒，禁止發出任何聲響，甚至不外出汲水，過去更是連木屐都不穿，柄杓的柄還要纏上繩子，以防碰觸水缸發出聲音。某些娛樂活動如紙牌遊戲是被容許的，但圍棋因為落子有聲就被禁止。可以想見，在更加保守傳統的家庭中，這些規矩或許更加嚴格。至於飲食的齋戒方式，反倒沒有太多特別的規範。

其次較為知名的，是播州加古郡[5]日岡神社的祭典所伴隨的儀式。不過，這不是該神社獨有的特殊例子，過去這一帶廣大的區域內，似乎都曾實行過類似的習俗。這項儀式從一月的亥日亥時開始，持續到巳日巳時結束，因此如今稱為「亥巳籠」。不過，這些日期與時辰是否原本就固定，還是後人根據解釋才逐漸確立的，仍有待探討。

在這段期間內，不僅氏子，連附近村落的居民都必須遵守許多禁忌，例如不得洗衣、不得梳髮、不得使用刀刃、不得外出，甚至連上廁所也被禁止。此外，所有可能發出聲響的器具都必須用繩索加以纏裹，以免發出聲音。據說，違反禁忌的人要是在外面不巧碰見神職人員的「夜行」隊伍，便會陷入「居竦」狀態，即全身動彈不得，因此人們都懷抱著敬畏之心。

這種「夜行」原本指的是深夜中不讓一般人看見的祭儀行列，但在阿波德島一帶則有「夜行大人」這樣的魔神傳說。人們害怕違反禁忌而遭受懲罰，這種害怕逐漸轉化為對妖怪的恐懼，類似的例子還有許多。換句話說，沒有人真正打破禁忌並親身驗證它的後果。

上述的兩種祭典前的齋戒習俗，彼此之間有許多相似之處。無論是哪一種，都不是只有神職人員或負責主持祭典的頭屋需要遵守，而是整個地區的居民共同恪守，這種做法帶有濃厚的古風氣息。與此相似的例子，在關東地區也能找得到。

在千葉縣南部，自上總南部的兩郡延伸至房州一帶，每逢舊曆十一月下旬，當地居民會進行為期約十日或七天的齋戒。不只神職人員，一般的村民，特別是仍保有傳統習俗的家庭，至今都會遵循相同的物忌；尤其安房神社的信徒更是遵守得特別嚴格，可說是這項習俗的重鎮。不過，周邊村落的神社在同一時節也有類似的習俗。

在這段期間，人們務必保持安靜，不可大聲喧嘩或嬉笑、不可梳理頭髮、不可織布、不可縫紉、不可外出工作，也不可以接待外來訪客。過去尤其忌諱武士前來拜訪。但是在這一帶，這種儀式不叫做「忌

5 位於兵庫縣南部的郡。現今包括稻美町與播磨町，過去範圍更廣，涵蓋加古川左岸等地區。

籠」，普遍都叫做「御狩」，讀音為「ミカリ」（mikari）或「ミカワリ」（mikawari），據說是因為神明會在這個時候進入山中狩獵，因此人們不得打擾。不過，這種說法可能是後來根據名稱所附會的解釋。從本義來看，「ミカワリ」應當是「身變」的意思，意指人們暫時脫離俗世的身分，進入清淨的祭典狀態，因此這段時間應該是轉換心境、準備迎接祭典的過渡期。

過去，這個習俗必然包含飲食上的限制，但如今已不再特別強調飲食的內容，只留下「安房的一度食」這句諺語。有人說這句話與九月的習俗有關，但它的含義已變得模糊不清，或許指的是在這段期間人們不每日烹煮，而是事先準備好食物，類似於其他地區在正月期間的習俗。在中國，過去也曾有「寒食」的習慣，可能同樣與避免使用刀火有關吧，不過這一點已難以確定。無論如何，在安房與上總地區，這種「御狩」或「御身變」的做法，與京阪地區的「忌籠」可謂一脈相承。

五

攝津[6]西宮地區正月初九的「忌籠」，據《西宮夷神研究》的記載，也稱為「御狩」。不過，這項儀式似乎僅限於神職人員的家中，並未普及至全體氏子。

在阿波[7]西部邊境山村奧木頭的北川部落，也有名為「御狩」或「御身變」的習俗，但僅限於擔任祭典頭屋的人家。從祭典前一週開始，頭屋家中不得接待外人，不可織布，不得使用牛隻勞動，並由一個稱為「御供婆」的老婦人來準備所有的飲食。據說這個老婦人已不再被視為「女人」，她專門負責烹飪，而頭屋主人只能吃她準備的食物。此外，頭屋主人還需多次進行「水垢離」，即用冷水沐浴，以示潔淨。到了祭典前三日，他要進入一間稱為「精進部屋」的房間，進一步進行齋戒。

這些嚴格的戒律，對於一般信徒來說過於繁重，因此通常只由頭屋主人代表全體氏子來遵守。綜合這三個案例來看，可以推測「御狩」的本意並非神明狩獵，而是「御身變」的身體轉變之意。這讓人聯想到

6 譯註：舊時行政區，約位於現今的大阪府北部、中部等大部分地區，以及兵庫縣東南部。

7 譯註：舊時行政區，約位於現今的德島縣。

過去出雲的神主所執行的「身逃」神事，或許也與這種儀式有著相同的根源。

不只是神社的氏子，廣泛來說，整個地區的居民在進入特定時節所共同遵守的禁忌習俗，在其他地方也都能找到類似的例子。只不過，這些物忌大多是列舉式的，針對特定行為一一設限。其中一個例子便是「針止」，也就是禁止當地婦女在特定期間持針縫紉的風俗。

針是一種極為重要的文化產物，從最初便是工藝品，同時也是商品。在針被製成商品販售之前，人們又是如何縫製衣物的呢？是否曾使用削製而成的角針或骨針？這是一個令人好奇的問題，但至今仍無定論。無論如何，將鐵製成針可說是一項重大的發明，也因此衍生出「水神因針的毒性而倒下」的傳說，三輪山的神話就有相關的內容。婦女在某個時期刻意避免使用針，或許背後有某種還沒被我們發現的深層原因。

最近，我們透過石人和尚的《風俗圖會》，可以一窺三河渥美半島龜山村的習俗。據說，鄰村伊良湖神社於四月十一日舉行「御衣祭」時，龜山村的婦女不得縫紉，也不得上機織布，存放苧麻的桶子必須倒置，紡線的線架必須放在壁龕上。這跟全國廣泛流傳的「五月禁止織布」禁忌應是同一脈絡，因為傳統上五月是紡織神明衣料的月份，人們因此避免從事織布，以示敬意。

一如前面說過的，這些民間的例行傳統活動與神社祭典，在過去比現在更加密切相連。例如「禁止使用針線」的禁忌，有些也和神社有關。例如，在栃木縣矢板附近的木幡神社，舊曆十二月舉行「遊行神事」期間，氏子們從前一個月的月底開始，持續大約半個月不紡線、不織布，也不動針線。此外，影響範圍更廣的是宇都宮二荒神社的「渡祭」。這項祭典的影響甚至擴及南方芳賀郡的鄉村，一旦接近祭典之日，當地婦女便停止針線活，男人也會暫停各種勞動，而且特別重視火的使用，嚴禁將腳伸入爐中，甚至有些村落不燒熱水洗澡。

每年會舉行兩次「渡祭」，分為冬季與春季，神社方面將它們寫成「冬渡祭」與「春渡祭」。與矢板的遊行神事相同，都是從子日開始，持續至午日。可見「渡祭」這個俗稱應該與「遊行」同義，指的是神明在這段期間巡行各村落的信仰。如今，各地神社的傳承或許有所不同，但無論如何，這些祭典的共同之處不容忽視。

如今，神明巡遊的信仰已改為一年一度的例行活動，其中最具代表性的便是舊曆十一月二十三日舉行的「御大師講」（おだいしこう〔odaishiko〕）。關於這個儀式的說法受到佛教的影響而有所不同，民間廣泛流傳著「高野山的弘法大師至今仍行走於各地村落」的說法。然而值得注意的是，即使不是真言宗的寺院，也同樣認同這一天的特殊意義。因此，近世學者便提出一種新見解，認為這一天其實是中國古代高僧天台智者大師的忌辰。但這樣的說法顯然沒有根據。

雖然各地流傳的故事略有不同，但大致都帶著奇趣。例如，有種說法稱「大師巡遊時會刻意隱藏自己的足跡，因此這天一定會降雪」，或者「某天，大師來到一個女子身邊，女子正在清洗一根分岔成二股的蘿蔔，大師便向她討了一半蘿蔔來吃」等軼事。在東北地區，人們認為「ダイシコ」（daishiko）是個女人，甚至有傳言說她育有十二或三十三名子女。人們認為她養育這麼多孩子必然十分辛苦，因此在這一天，家家戶戶會準備紅豆粥，並附上一雙長筷獻給她。此外，還有一則傳說稱「ダイシ大人」曾外出購買紅豆粥所需要的鹽，卻不幸倒在暴風雪

8　一九二九年五月，柳田國男以《日本

中，因此人們至今仍會煮不加鹽的紅豆粥來紀念這段往事。這些故事與天台大師的形象毫無關聯，可見這種信仰的起源應該另有原因。

關於這個主題，我正計劃撰寫一本書，如果要了解大致的內容，可參考我為兒童編寫的《日本的傳說》[8]。我的結論是，我認為「ダイシ」（daishi）一詞是源自上古傳入的漢語，應為「大子」的轉音，意指「神之長子」。自遠古時代以來，民間流傳著這樣的信仰——在冬去春來之際，有一尊神祇會巡行人間，而這位神祇正是天界神明的長子。或許只是巧合，但這種信仰竟與西方的耶誕節有著異曲同工之妙。耶誕節正值「一陽來復」之時，即中國所謂的冬至，並且在基督教傳入之前，當地便早已存在基於自然觀察而形成的類似傳說。而在日本，「二十三夜待」[9]的信仰似乎與這個傳說有關，這項儀式幾乎遍布全國，特別是在東北，人們將它視為「巡遊國境的神明」所留下的傳統。

伊豆七島還有另一個類似的例子，即「忌之日」或「日忌樣」，這項儀式的舉行時間不在十一月，而是在正月二十四日。在這一天的夜裡，人們相信尊神會降臨，並藉由遵守各種「物忌」來表達敬意，虔誠

神話傳說集》名義由ARS出版社出版，屬於日本兒童文庫之一。一九三二年十一月更名為《日本的傳說》，由春陽堂發行少年文庫版本，一九四〇年十二月再由三國書房出版。台灣版由遠足文化出版發行。

9 譯註：一種日本民間信仰活動，流行於江戶時代，人們於農曆二十三日的夜晚聚在一起守候月亮升起，並進行祈禱或祭拜。

地進行祭祀。在大島與新島，這則傳說逐漸演變為對惡霸地方官亡魂或「海難坊」妖魔的畏懼。不過，再前進到更遠的御藏島，那裡則流傳著另一種說法──要是看見一艘揚著紅帆的船隻從海上過來，就會遭遇不測。換句話說，這一天原本是需要斷絕穢念、保持身心清淨的「精進」之日。

在本州內陸地區，每月的二十四日也有類似的精進之日。人們相信，在這天戒酒便能免除火災。通常，這類物忌會與地藏信仰或愛宕山的信仰相結合來加以解釋，但以農曆下弦月這一天作為物忌之日的習俗，或許比這些宗教信仰還要更為古老。

六

以冬至為中心舉行的忌祭，光在著名的神社就有好幾個例子。例如，羽後地區[10]以鳥海山為奧宮[11]的兩間大物忌神社，便有類似的祭典，光從神社的名稱直接用「大物忌」這點，就已展現出這項祭典的重要特徵了。

在西部地區，長門的「忌之宮」也是如此。當祭典開始，周邊的村落會遵守各種物忌。在距離海岸二十五浬的長門見島，人們稱這項祭典為「御忌講」，自十一月十四日起連續三天，人們避免從事戶外工作，也盡量不發出巨響。據說這是因為神明正在生產，要是發出喧鬧聲可能會觸怒神明，甚至被「御弓」射擊。不過，這裡的「御弓」實際上是對「御忌」的誤解。

島根縣的隱岐島也有類似的祭典——十月與三月的巳日為「忌祭」，在這段期間，人們不得大聲喧嘩，必須盡量減少任何噪音。這類祭典或許源於出雲大社的「御忌祭」，或者是佐陀神社的「御忌」。這兩座出雲地區的神社，過去曾有極為嚴格的忌祭，祭典期間相當漫長。然而，隨著時代變遷，人們逐漸放寬對祭儀的解釋，大幅縮短時間。畢竟，如果過於嚴苛，反而會導致人們不得不違反，進而產生更大的不安與恐懼。從這個角度來看，這種調整某種程度上也反映出這項信仰依然存在，並未式微。

依我的想像，如果附近有這樣一間傳統神社，那麼由此衍生出來

10 譯註：舊時行政區，約位於現今的山形縣及秋田縣，但不包含秋田縣東北隅的鹿角市與小坂町。

11 譯註：位於本宮後方最深處的宮社。

的禁忌與戒律就會長期延續下去。其實，不論在哪個地方，每個人對自己所祭祀的神明都應該遵守相同的齋戒規範。小島嶼較少受到外界影響，能夠原汁原味地保留這些習俗，因此我相信在日本的話，應該是找得到的。

沖繩群島八月的物忌，我在之前介紹「柴指」時已有提及。而壹岐島上的「御忌」並不是在冬春交替之際，而是在夏秋交會的六月晦日進行。這一天的儀式稱為「真砂包」，人們會供奉潔白的海砂來祭祀田神。這個儀式的具體意義已經不太清楚了，總之到了這一天，村民的心情會特別不一樣，並且禁止做一些日常的工作。一般來說，從九州到中國地區的西半部，人們相當重視所謂的「名越日」，但它的習俗和傳說與京畿一帶的確有所不同。六月是祭拜水神的月份，這在全國農村已經是相當普遍的習俗，許多儀式都在泉水邊或河岸上進行。尤其在西部地區，這種習俗尤為明顯，相傳這樣做是為了防止河童帶來災害。這一天會進行一種稱為「牛祇園」的儀式，人們將牛送入海中，而河童會出來吃掉牛身上的跳蚤。總而言之，我國有很多懼怕水中怪物的故事，而與之相關的物忌習俗也保留在人們的記憶中，像是警戒黃瓜[12]的物忌等。

西部地區的忌祭之日設在六月晦日，但東部佐渡島等地的忌祭之日則同樣是在冬春交替的時期進行。最近出版的《佐渡年中行事》一書中，詳細載明了各個村落的實例。通常一年有兩次忌祭，分別是冬季從舊曆十一月到十二月的過渡時期，以及春季從正月到二月的過渡時期。這樣的安排與先前提到的宇都宮二荒神社的「春渡祭」與「冬渡祭」相似。這兩次忌祭之間的時期，或許過去曾被叫做「忌中祭」，也有人認為這個「忌中祭」指的是從二月的朔日到卯日的這段期間。無論如何，這兩次忌祭的中間，正好會舉行重要的新年祭典，因此，這段期間要是原本就有某個特定的名稱，也是不無道理的。

如今在佐渡島，忌祭那一天的晚上通常禁止工作或外宿，還要準備與平常不同的食物。某些村莊則傳說，這個年底舉行的忌祭是日本祭典的結束，而春季的忌祭則是日本祭典的開始。對我來說，這些傳說似乎有著相當深刻且重要的暗示，但或許對各位來說並不是那麼有趣，因此，我打算盡量簡單地解釋為什麼我認為這是個相當有趣的話題。

12 譯註：河童是一種傳說中的水怪，據說他很喜歡吃黃瓜，因此人們會在特定時期避免吃黃瓜來防止河童惹禍。

七

以正月過年這一天為中心，然後設立冬春兩次節日的傳統，雖然與禁忌沒有直接關聯，卻廣泛流傳於全國各地。即使在東京，一些保留古風的家庭仍然遵守這樣的習俗。這些節日分別落在十二月八日與二月八日，通常稱為「御事八日」，而且與三月三日、五月五日的節日一樣，至今仍受到全國各地的重視。

在關東地區的農村，人們會在這一天搗年糕，準備名為「御事汁」的料理，並在屋外高掛一種稱為「目籠」的竹製小籃或篩子。據說，這天夜裡，一種名為「獨眼小僧」或「大眼怪」的可怕妖怪會來窺視家家戶戶，但如果掛上「目籠」，妖怪見籃子上的眼睛比自己還多，或是因為無法數清籃子的孔洞而困惑，便會慌忙離去。

江戶時代後期的許多學者都在隨筆中記錄這個「御事之日」。有趣的是，關於這兩個日子的意義，人們的看法不盡相同。一派認為二月八日是「事始」，十二月八日是「事納」，也就是結束的意思；但另一派則持相反觀點，認為十二月八日才是「事始」，二月八日是「事納」，而在地方上也確實有這兩種相反的叫法。

依我個人的判斷，前者的說法可以當成一種「合理性的修訂」，但如果將「御事」視為正月的祭典，也就是「迎接新年的儀式」，那麼後者這種源自民間的叫法才更為貼切。換句話說，初春時家家戶戶迎神祭祀才是最重要的「御事」。正因如此，相關的物忌習俗從前一個月，也就是臘月的上弦之夜開始，一直延續到隔年二月的上弦之日為止，而這段時期的交界之日就成為慶祝祭典的「御事之日」了。

然而，物忌越是嚴格，人們便越容易不小心違犯，且違犯的後果相當可怕。於是，這些日子逐漸演變為「必須謹慎度過的日子」，甚至出現獨眼小僧這樣的妖怪傳說來提醒人們不可掉以輕心。靜岡縣西部的某些地區，人們會在這一天搗製年糕，用還黏著年糕的模板在雨戶[13]外側畫上一個「大」字。這個「大」字，或許象徵人們正在嚴守物忌，即外國學者所說的「禁忌標誌」，相當於日本神道中的注連繩、玉串或垂掛在祭祀器具上的紙垂。

此外，從這間講堂窗外看出去的相州山腳下村落，人們在二月與

13 譯註：為了防颱、防風、防雨而設置的木製門板。

十二月的「御事八日」之夜，會特別害怕忘記把鞋子拿進屋內。傳說如果獨眼小僧來訪，並在鞋子底部烙下印記，那麼鞋子的主人便會遭殃。這種習俗或許與上總、房總地區的「御身變之夜」所遵守的戒律相通，是祭典期間「精進」儀式的一環。

八

古老的信仰意識無法以明確的言語來表達，因此婦女與孩童難以準確地學習。當人們試圖讓這些記憶變得具體，往往只能從中挑選出某個特別鮮明的印象作為話題，例如木屐上的烙印等。要真正領悟事情的本質，往往需要花費一生的時間，或者仰賴睿智的長者來負起傳承重任，否則很可能被新的文化所掩蓋。

所謂的知識階層，由於從小便離家求學，沒有機會回顧民族傳統，導致不只對於「物忌」習俗方面的理解，對生活規範的保存方面也都造成重大損失。不過，許多與「精進」相關的戒律，因為曾被列入舊社會的初等教育內容中，多少帶點誇張與遊戲性質而讓人很容易記住。例如，關於二月與十一月的山神祭，至今仍流傳著這時候不能到山裡去的說法。要是孩童好奇地問：「那到山裡去會怎樣？」有些大人會回答：「可能會受傷或是走不出來。」更有一些人會嚇唬孩童說：「這天是山神計算樹木有幾棵的日子，你要是跑到山裡面，就會變成一棵樹被山神算進去。」

另外，據說在「御事八日」這一天工作，會招來一種叫做「八日也」的妖怪。其實，「八日也」不過是古語「今天是八日喔」的提醒用法。在信州佐久地區的農村，人們也很害怕正月晦日，也就是二月初一的前一晚，據說這時候如果走進山裡，會聽見「晦日宵」的呼喚聲，而聽見這聲音的人會一命嗚呼。但這其實是在提醒人們：「今天是重要的三十日喔！」

在關西地區，十二月二十日稱為「終結之二十日」，是一個令人敬畏的日子。這天可能與正月前的「精進」齋戒有關，但人們流傳著許多怪談，例如走在山路上會遇見妖怪；吉野的姥峰一帶甚至說這天是處決死囚的日子。此外，有些地方認為這天是傳說中的老妖婆「山姥」洗衣服的日子，或者是乞丐清洗布袋的日子，因此一般人家不能在這天洗衣服。

其他類似的戒律也廣為流傳，如盂蘭盆節期間不得捕捉蝴蝶與蜻蜓，或是正月前三天要是兄弟爭吵，整年都會不和。這些戒律都屬於例示教育的一環，然而，它們的原意並非只要人遵守某些特定的行為，而是提醒人們這些日子的重要性。從那些向晚輩傳授戒律的長者與婦女的行為舉止中，便能窺見當初這些習俗的真正意義了。

後來，許多人認為只要遵守這些表面上的戒律即可，例如「今天不拿針、不挑水」、「門窗緊閉、停止耕作」，以及所謂的「肥精進」、「雞精進」等避免從事與肥料或雞鴨相關的事務等等。過去這些戒律的背後，其實還伴隨著一種無需言說的文化氛圍，我們正是在這種無形的環境中，自然而然地學習並傳承了這些智慧。

不過，是否真正理解每一條戒律的意涵，是否確信「在此之前無妨，但若逾越則為不潔」，人們往往沒有自信。或許曾有少數人做得到，但那些謹小慎微的長者時常對各種事務嚴加規範，於是被認為極其固執迷信，甚至被說成「慎重過頭」、「墨守陳規」或「迷信的老一輩」而不受歡迎。結果，僅有少數較容易記住的戒律得以流傳下來。

此外，人們無意間破戒的情況也時常發生。例如，在旅途中或乘船、乘車時，可能會與身染喪穢之氣的人共用火源，而且這種可能性無法完全避免。當時，人們對於自身是否潔淨，是否適合擔任重要祭祀的職責多少感到不安，更糟糕的是，巫女與占卜師等善於察言觀色的人，總是專挑人們這種心理弱點加以利用。因此，社會上那種半帶漠然的態度，反倒助長了這些迷信的影響力。

中世時期，人們在門口掛上注連繩，立起物忌的標示，或是盡量避免外出與會客，這些做法其實是為了將內心的不安降到最低。可以說，這正是社會逐漸放寬戒律的初期現象。即使如此，仍然可能在無意中犯戒。為了消除這些無意間的過失，人們便施行「祓除」儀式，以此劃下界線，重新振奮精神，投入祭祀事務中。

九

祓禊的儀式由來已久，然而，隨著時代演進，它的用途在近世變得更加廣泛。有人仰賴這種儀式，平日過著無拘無束的生活，甚至有人說：「反正之後會祓除就好了！」於是連祭典前夜都毫不忌諱地大啖牛肉，這在過去是不可想像的。此外，祓除的方式如今也變得極為簡化，只要在頭上揮動御幣便能驅除所有罪穢；在我看來，這可說是祓禊理論的進化。

古老而正式的祓除方式，就是如今逐漸復興的「祓禊」，是一種極具儀式感的行為。在過去，人們甚至認為這種儀式能夠達到近乎改造肉體的效果，或許這也是它最初的目的。同時，那些一時覺得自己沾染穢氣或罪孽的人，也會藉由祓禊來洗滌身心，重獲清淨。

沖繩群島的「シューキー」(shuki)，現今多被解釋為「潮蹴」，意為踏浪，但最初的含義或許並不是「蹴」。無論如何，穢忌期間剛結束的人，或是遭遇新的不祥事件之人，都會透過這種「潮蹴」儀式來斬斷穢氣。舊時的日本，類似的習俗也曾存在過，例如在喪期結束時，人們會進行某種祓禊。但到了今日，這類儀式已大幅簡化，例如從葬禮回來，人們只需跨過裝滿水的盆、繞臼轉一圈，或者象徵性地含一點鹽巴。當參加喪禮的人數眾多，自然無法進行過於繁瑣的儀式，只不過這樣的簡化並不能完全消除人們對穢氣的憂慮，久而久之，人們也就麻痺無感了。

相比之下，婦女產後的祓穢儀式則較為嚴謹，在一些山村，或者是讚岐[14]的伊吹島等靠海村落，依然保留了這項習俗，而且，女性在每月經期時仍會遵循古老的禁忌，甚至在寒冬時節仍會前往洶湧的海濱洗滌身體。在山中狩獵猛獸的人，例如東北地區的「又鬼」，也特別重視以水祓除穢氣。不僅如此，當他們無意間觸犯了狩獵禁忌，例如說出山中禁忌用語時，也必須將身體浸泡在溪水中，或者讓人從頭頂澆上數十杯冷水。

由此可見，在這些特定族群中，祓禊的傳統自古以來不曾間斷，一直延續至今。

不過，與今日的復興時代有一點不同，就是當時的人們早已遺忘

14 譯註：舊時行政區，約位於現今的香川縣。

「祓禊」這個古老詞彙，而改稱作「コリ」（kori），並寫成「垢離」二字。這樣奇特的漢字組合不可能是真正的漢語。無論漢字如何表記，「コリ」是不折不扣的日語。我個人推測，這個字或許跟發音為「コモリ」（komori）的「籠」字有關。總之，昔日那些為祭典而閉關修行的人，不僅在開始時，甚至在過程中，都會前往海邊或河川進行這種潔淨儀式，洗去身心的穢氣。

有些地方的人是將「宮籠」視為春秋遊覽的一部分，自然不會進行這種艱苦的修行。但如果是心懷懇切的祈願，那麼至今仍會透過「垢離」來淨化自身。特別是在村莊中有人罹患重病時，親屬與至交好友會共同進行「勢祈禱」或「千垢離」這類的祓禊儀式。這種做法與都市中流行的「百度參詣」類似，目的都是集結眾人誠摯的願力來祈求神明庇佑。

在越後[15]那積雪深厚的冬季祭典中，這種潔淨儀式曾是「精進屋」修行的核心內容之一。後來，有些「精進屋」將它視為鍛鍊年輕人的方式，也有的將它與念佛信仰結合，成為宗教修行的一部分。而東京等地的「寒參拜」也是這種傳統習俗的遺風，如今，前往深川不動堂參拜的人雖然眾多，但仍有人邊奔跑邊口誦「六根清淨」[16]，象徵經由祓禊洗滌了一切穢氣，以純淨無瑕之身來參與神聖的祭典。

十

如今仍可從神社門前的石製手水鉢，窺見以水潔淨身心才能接近神明這種自古流傳下來的規矩。只是，現在多數人只是匆匆走過，即使柄杓仍在，能舀起的水量不過一百公克左右，人們大多只用來漱口、洗手，草草了事。但昔日的參詣者無一不在此處淨身。許多村莊的神社曾引水築池，留下這些潔淨設施的痕跡，而靈山的登山道路旁幾乎都有一條溪流，專供人們淨身，因此稱作「精進川」。

舉個最近的例子，在富士山須走口等登山口的入口橋下游，仍然保留著所謂的「垢離場」，但多數登山者甚至不知道它的存在就這麼走過去了。據說，在深受信徒崇拜的熊野大島樫野村，氏神的神社被視為聖地，沒有人會穿著鞋履踏入參詣。而在這間神社的山腳下，有一條僅三尺寬的清溪潺潺流淌，所有參拜者都必須在這裡淨手漱口後才

15 譯註：舊時行政區，約位於現今的新潟縣。

16 指六根（眼、耳、鼻、舌、身、意）皆得清淨，亦即身心皆清淨無染。也用作祈願六根清淨的唸誦詞。

能登上神域。這與伊勢內宮的五十鈴川相同，而當地人稱這條溪流為「地下川」。

這裡的「地下」是指人類居住的地方，而這條溪流就是人與神的分界線，沒有祓禊淨身的人絕不能夠跨入一步。不過，即使許多地方的神社仍有這樣的水流，設施依舊，但隨著時代變遷，人們的態度與習慣早已不同於往日了。

鹿兒島縣大隅一帶，有些地方將神社前流淌的溪流稱為「潮井川」。「潮井」一詞在整個西日本廣為流傳，但各地的做法與內涵略有不同。

在九州許多沿海地區，特別是離島，人們以潮水來淨化住宅與身體，這個行為稱為「潮井」。當地備有名為「御潮井籠」或「清桶」的器具，每日清晨或每月初三，常可看到人們提著這些容器前往海邊汲取潮水，然後將水灑在住家四周並向神明祈禱的情景。

然而，在福岡博多及其周邊村莊則不用水桶，而是改用「潮井箱」，這是一種掛於門口的小箱子。他們會前往特定的海灘，於退潮時採集潔淨的沙子，帶回後同樣撒在住宅四周。此外，海女在下水潛入海底之前也會先祈禱，並將這些沙子撒向海面以求平安。

在島根縣沿岸，除了汲取潮水的習俗外，當地的海邊神社還設有「御潮井石」，這是一塊供奉於神社前的平石。信眾前來參拜時，會手持一束被潮水浸泡過的海藻，然後恭敬地放置於這塊石頭上，以代替直接取水的儀式。

如今，已經很難判斷這三種「潮井」形式，哪一種最為古老。「潮井」原意即為以潮水淨化，因此有人認為「潮井」之名來自於汲水的動作。然而，「井」字可能是源自「忌籠」的「忌」字，讀音相仿，象徵潔淨與祓除穢氣。

相比之下，日本中國地區的東邊，這種潮井習俗就不如西日本那般普及，但在熊野等地，至今仍保有汲取潮水的傳統。即使平日未必如此，當接近例行祭典的日子，人們便會進行這項儀式，或是由被指定為頭屋的人家來負責這件事。此外，即使是遠離海岸，相隔五里、三里的內陸村落，也有村民會專程前往海邊汲取潮水，作為祭典準備的一環，而這時候，他們也必會進行「垢離」儀式，以水潔淨身心。

究竟是「垢離」為主、「潮井」為輔，還是相反，已經不可考了。

不過，「垢離」一詞也可以寫作「搔」，而汲取潮水的行為也稱作「潮搔」，兩者顯然有所關聯。因此，沖繩的「潮蹴」或許也是這個詞彙的變體吧。

像遠州[17]的山住神社，雖然位在距離海邊十多里之遙的奧山鄉，地處深山，但舉行祭典時，仍會特地前往天龍川下游，如今大約是在二俣附近，汲取河水作為「御潮」，也許是因為他們相信那裡的水仍帶著海潮的氣息吧。

在隱岐島上，人們明確區分「潮桶」與「茶湯桶」，舉行神祭時，必定得用潮桶來裝海水，而在舉辦佛事時，則一定使用淡水，並稱之為茶湯桶。又如長門的見島，若祭典之日遇上海浪洶湧而無法直接汲取海水時，會在清水中加入海鹽等天然鹽來用，這種做法稱為「立鹽」。

從這些例子來看，古來的習俗認為舉行祭典時必須使用海水；也就是說，人們深信潮水本身蘊含著神聖的力量。

即使在現代的東京，仍有「盛鹽」或「鹽花」的習俗，雖然只在某些特定職業或家庭中看得到，但這些人可能正是最忠實保留古老風俗的一群。就像某些地區在春天初市時，還能見到「販售新鹽」的傳統，這些看似偶然遺留下來的風景，其實是古老習俗在角落中悄悄延續的證明。

十一

任何一種信仰，當有人站在其中擔任解說者，試圖讓它與時代協調一致，並逐漸以理論的方式吸引更多人關注時，它原本的核心精神反而會逐漸遠離最初的樣貌。就像昔日神聖無比、發生於日向檍原[18]的神話故事，如今只以祝詞的形式傳誦下來，而曾經只是為了計數所使用的玉串，如今竟也被賦予「祓禊」的名義而受到尊崇。

但另一方面，那些游離於理論之外、隨著時代而自由變化的事物，卻早已超出人們的掌控，結果變成巷弄街頭人家門前一撮撒在門石上的鹽巴而已。

如果國民不去主動學習與理解，就難以意識到這兩種看似不同的現象，其實源頭是一樣的。如此一來，勢必又會陷入偏激又粗暴的主

17 譯註：即遠江國，舊時行政區，約位於現今的靜岡縣西部。

18 據《古事記》與《日本書紀》記載，伊邪那岐命從黃泉國歸來後於此地沐浴淨身。推測位於宮崎市阿波岐原町一帶。

張彼此衝突的狀態，讓人更難與那些純樸而通透的古人之心產生共鳴。

雖然精讀古今傳世的神道經書，進行公正的批評與分析，是一條可行的途徑，但我們認為更接近核心的方法，是順著自然的脈絡去觀察那些流變至今、過去從未獲得重視的事物，然後加以比對與追溯。因為在這條路上的少數兩三位優秀人才並沒有個人偏執，而且他們所走的方向，也只是朝著大多數平凡人可能會自然前往的方向而已。

基督教中的「洗禮」[19]，也因近代歷史研究的興起而試圖回歸古老的形式，這點與我們的「祓禊」不謀而合。然而值得探討的是：古老的方式必然正確且有效嗎？在得出結論之前，我們應該先思考為什麼這些古老的儀式沒能長久流傳下來？又為什麼它們不得不在時代的洪流中經歷各種變化，無論這些變化是好是壞？或許可以說，是時間讓花朵凋謝、香氣消散；但我們也必須承認，在這樣的轉變中，有些力量微弱而遙遠，有些則是強烈而積極，甚至是我們無法逃避、無從抗拒的。

人們的願望與喜悅起初都是單純而一致，因此能夠齊心參與一場獻給神明的祭典。但久而久之，這種同心協力逐漸分化的傾向，成為全國普遍可見的現象。各地的祭典次數逐年增多，許多人也走出家鄉，參與其他地區大小不一的祭祀活動。這種現象在國內交通發達之後更為明顯，也是人們個人經驗多樣化的必然結果。最終，我們的祭典轉變為隨時隨地前往神社參拜的「物詣」，甚至難以說它是真正的「祭典」。於是，日本成為世界上極為罕見的「隨心所欲的巡禮之國」。

而這種個人頻繁進行的臨時性參拜，我們不難理解，要澈底完成「精進」準備是件相當困難的事。雖然如今仍有出羽三山[20]的修行者自行閉門修行，但原本的「物忌」應該是靠整個群體的氛圍來維持的。此外，現代人生活忙碌，種種負擔繁重，也讓集體履行信仰義務變得更加困難，於是各地村落開始設立頭屋制度，同樣地，在一些家庭中也出現從年輕男女中選出一人專責神役的「一人精進」習俗，這在越後與伊豆大島等地仍可見到蹤影。

至於所謂的「講中」組織，也是近世日本信仰的一大特色，它的設計理念是希望讓每個人一生至少一次親自擔任這項重要的神聖任務。但如果團體規模太小，力量便顯得薄弱；規模太大，輪到的機會又太少，最終導致許多人無法親身體驗。換句話說，我們明知祭典與齋戒

19 源自於希臘語中的「baptisma」，是一種由教會舉行的加入基督教的儀式，透過全身浸在水中或將水澆於頭頂來進行。

20 譯註：山形縣庄內地方月山、羽黑山、湯殿山三座山的總稱。

的重要性，卻因無暇參與而漸漸與這些傳統活動疏遠了。

當然，我們也得考慮到那些專門從事這類神事的人。但我認為，他們的增加並不是物忌衰退的原因，反而是物忌衰退的結果才對。自應仁之亂後進入戰國時代開始，所謂「代參」、「代願」、「代垢離」的風俗突然興盛起來，這確實成為提升神職人員與修驗者地位的一股強大力量，但是促使這股風潮興起的原因，只是和平時代的交通往來遭到阻斷罷了；早在那之前，人們就習慣前往遠方的神社參拜，或是為了還願而特地進行朝聖了。

信仰，已逐漸變成個人的修行與選擇；而齋戒避忌等習俗，也逐漸脫離公共利益與社群規範的範疇。這樣的變化，雖使各地孤立的民間信仰逐漸瓦解，但與此同時，也孕育出更大規模、全國性的精神統合，這種國民意識的一致性，確實令人驚嘆。然而，在歷經了數百年的劇烈變遷之後，至今國內仍有一些地方，雖然微弱，卻仍保有昔日的祭典形式與齋戒風俗，令人既懷念又欣喜的程度，完全不亞於前者。

如今，許多學說在闡釋信仰現象時，完全忽略了這股「離心力」的存在，因此無法站穩腳跟。而民間信仰的諸多現象，也總是被排除在神道的論述範圍外。這種情況持續下去的話，無論未來世代如何發展，恐怕國民再也無法將這些信仰問題視為自身的課題來認真思考了。

5 神幸與神態

一

前面所論述的內容，可以說是「日本祭典」的輪廓或外觀。首先，我談到了祭典的舉辦時節與日期，以及它在歷史上的演變；接著是祭典前的準備工作，例如立木標示祭場，並確保神聖領域的極致潔淨；第三部分則提及祭典參與者的條件，也就是說，沒能潔身自持、遵守齋戒禁忌的人，是絕對不能接近神明的。到此為止，大致上已經說明了這些基本事項。

那麼，接下來應該思考的是：所謂的「祭典」到底在做些什麼？人們常稱為「神事」的內容究竟包括哪些？這些內容在各地的表現方式有否差異？又有多少是從古至今、遍及全國一致不變的？這些都是需要仔細探討的問題。

不過，進一步討論之前，還有一個問題值得先提出來，那就是：

我們選擇怎樣的場所作為祭典的舉行地點呢？這個「祭場」的選定問題，原本應與祭典的實際儀式屬於兩個不同範疇的課題，但奇妙的是，在現代的日本祭典中，兩者往往被混為一談、視為一體。

對於這種情形，我的看法是：這或許是源自人們對於「神明降臨」這件事的理解逐漸模糊，與此同時，人們開始將它解釋為神明的巡遊或遊幸，即「神幸」，而這種觀念也隨著世俗變化而日益受到重視。

儀式與行列，自古以來就是彼此相關的事物。在基督教的祭典中，也可以看到規模雖小但明顯存在的遊行行列。原本，儀式多半需要身體的移動，因此必然要使用到空間；而當儀式的流程變得繁複、參與的人數增加，為了不出錯地依序進行，自然就產生了「排成行列」的需求。像是葬禮、婚禮，甚至軍隊的行軍，行列的起源大致上都是同一個脈絡的。

只是，在日本，這項傳統加上了我們獨特的信仰背景，使得行列的形式特別發展出一種獨到的風貌。到了今天，大小祭典之間的區別已經相當明顯：沒有行列的只是一般的祭典，而所謂的「祭禮」，必然會有行列相隨。對此，我們甚至可以暫時下個結論：凡是稱為「祭禮」

的，必有行列。

如果這樣的區別從古代便已存在，那麼或許我們的本土信仰在起初就有兩種不同的來源。但在我看來，這些差異大多是在中期以後才逐漸顯著起來的，只不過，它們的共同基礎已經或多或少被這種發展掩蓋掉了。

二

要解釋這種情況，我們得先思考：祭典的核心，也就是心意所寄託之處，原本是在哪裡？之後又經歷了怎樣的變遷？以民俗學的研究方法來說，我們注重的是從最貼近生活的資料著手。換句話說，就是從那些最容易進入人們耳目、無需大費周章便能證明其存在的事物中，尋找論據。那種每年至少舉辦一次，只要等上一年就能親眼見證、親身體會的祭典，就像植物學者透過花朵或果實來解說植物特性一樣，是我們做研究所依據的方向。

即使是在這些祭典中，仍有許多看似平凡無奇、我們過去從未留心觀察的事實，反而是我們如今最想深入理解的部分。目前我們正在努力蒐集的，是一種或許聽來有些奇妙的資料：那就是祭典的通稱，也就是人們日常談論祭典時慣常使用的俗名。這些俗稱在全國各地的數量非常龐大，種類也十分有趣、千奇百怪。當然，俗稱未必能完整傳達祭典的核心意義，但至少是外人比較熟悉的，只要一提到那個名字，人們馬上就能聯想到那場祭典，因此也可說是一種明顯的特徵。

至於在神社正殿內，由少數神職人員或氏子代表所舉行的儀式程序，反而近乎神祕、不為外人所知。但只要是有大眾參與的活動，幾乎都以這樣的俗稱來代表。有些俗稱可能是從外人看熱鬧、甚至是從批評戲謔的語氣中產生的，但這些名稱未必會惹得當地人反感或否認。有時候，祭典的參與者與外人之間，反而在這樣的俗稱上形成共識，大家都用這種既簡潔又容易記憶的名稱來稱呼，只有在官方文件中才使用另一個莊嚴正式的名稱。這樣的例子在日本各地其實比比皆是。

如果仔細看這些祭典的俗稱，就如同先前提到列舉物忌名稱的方式一樣，往往只是從眾多特徵之中，選擇最引人注目的那一項來命名，凸顯出有別於其他地區祭典的特色，至於伴隨而來的其他元素則常常被忽略掉。但正因為有這些名稱，我們才能大致看出外行人最在意祭典的哪個部分，而這種關注的焦點也恰好展現出各地風俗的多樣性。

舉例來說，像三河地區廣為人知的「テンテコ（tenteko）祭」、能登七尾的「チャンチキヤマ」（chanchikiyama）、京都東北郊赤山禪院的「サンヤレ（sanyare）祭」、安藝[1]嚴島神社的「チンチリビッ」（chinchiribitsu）、長崎諏訪神社的「コッコデショウ」（ko-kodesyou），還有許多類似的名稱，全都源自於這些祭典特別強調遊行儀式，而遊行過程中不斷重複的伴奏聲或吆喝聲，長久地留在人們耳中，任何人只要聽到那個詞，就能立刻回想起整個祭典當天的熱鬧氛圍。

另一方面，有些祭典並沒有什麼特別變化，反而是以「吃東西」為主，因此也常被稱為「就是個吃吃喝喝的祭典」。不過，這類祭典也都各有令人無法忘懷的名稱，多半與供奉神明的特定食物有關，而這些食物往往帶有難以追溯的古老淵源。

例如，位於東京府中市的大國魂神社，每年初夏都會舉辦「李子

1 譯註：舊時行政區，約位於現今的廣島縣西部。

祭」，雖然不清楚是從何時開始這樣的稱呼，也不知道是否真的供奉了李子給神明，但至今在這天仍會販售當季的李子。在大和[2]地區，每逢銷售「狗母魚」的季節，常常也會搭配舉辦祭典，當天幾乎一定會吃這種魚，因此「狗母魚祭」這個名字在各地時有所聞。

還有一些更常見的名稱，像是「壽司祭」、「甘酒祭」，或是以芋頭湯作為主角的「芋煮神事」，這些都是在秋天、收穫豐盛之際，最容易取得的食材。這些美食如果在某個地方成為祭典的名稱，那麼當地必定會大量準備這些料理，無論發生什麼事都絕不會省略這個過程。

尤其是在以東北為首的農村地區，至今仍會特地為了祭典準備那些過於樸實、平日已不再出現的料理，有些甚至已經成為只在這一天才會出現的稀有食物。像是下總[3]小御門神社的「蓼醋」、秋田縣北部的「牛尾菜祭」與「シルクサ（sirukusa）祭」[4]都是如此。

又例如保存了古老料理方式且食材如今已不易取得的「鯰魚祭」、「鱧魚切祭」等例子也還有幾個。至少負責祭典的人會與神明共享這些祭品，而這些食物越是稀有珍貴，名稱也就越難被改變，反而更會代代流傳下去。

三

我目前蒐集到的這類祭典名稱多達數百種。如果一一加以分類與排列，大致可以窺見日本祭典究竟重視哪些儀式或活動。只是，逐一解釋實在太費時了，在這裡我就只點出一件事：這些通俗易記的名稱，也可以作為認識祭典特色的一種簡便的線索。

藉這個機會，我想補充說明一點：除了先前提到的兩大特色——行列中的伴奏聲，以及家家戶戶準備的特定食物之外，還有許多介於兩者之間、以特定活動為特色的祭典名稱，例如火祭、插秧祭、射箭祭、搶球祭、驅鬼祭等，這些名稱多半源於祭典當天在神社前舉行的獨特儀式。而且這些名稱並非該神社獨有，即使在某一地區或鄉里中找不到類似活動，但放眼全國，幾乎總能找到相近的例子。

對那些希望理解日本祭典共通概念的人來說，這些錯綜複雜的現象究竟意味著什麼呢？如果只就某一府縣或地方來觀察，由於各地祭典的名稱通常是基於當地的特殊性而來，乍看之下便會覺得混亂無章，

2 譯註：舊時行政區，約位於現今的奈良縣一帶。

3 譯註：舊時行政區，約位於現今的千葉縣北部、茨城縣西南部、埼玉縣東部、東京都東部。

4 編註：「シルクサ祭」目前只留名稱，實質內涵並不清楚。而在平安時代的神道資料《古語拾遺》中，提到「シルクサ」是俗稱「ツルマサキ」（扶芳藤）的植物，或許存在相關性，但仍有待考證。

彷彿數百、數千間神社各行其是，任意舉辦活動，卻都自稱為祭典或祭禮。

那麼，難道日本的祭典自古以來就是這麼千差萬別、各行其是嗎？這點勢必成為我們首先要探問的問題。

如果不是這樣，那麼只能有兩種解釋：一是如今的祭典早已完全脫離最初的形式；二是祭典中某些內容其實自古至今都保有一定的共通性，只是後來持續加入新的要素、改變重點，甚至迎合外界的評價與期待，導致那些原本常見的部分反而被掩蓋、淹沒了。

為了釐清這點，我們勢必要拓展比較的範圍。只有從更廣的角度來看，我們才能逐步揭開日本祭典的本質。

祭典之中，那些特別顯眼的特色，其實並不僅限於前面提到的三個階段——行列的熱鬧、家中供食的習俗，以及中間的火祭、插秧祭、射箭祭、搶球祭、驅鬼祭等等。如果仔細觀察，可以在這三種類型中再發現更多細緻的差異。即使如此，如果通盤觀察各式各樣的祭典，還是能找到一些無論哪裡幾乎都會出現的形式或儀式。

首先，只要是舉行祭典的神社，無論重視行列或表演活動的程度為何，沒有一處會省略向神明獻上供品，也就是「神供」這件事。其次，供奉神供時，不點燈火的神社應該也不存在。我個人感受頗深的一點是，雖然我對外國宗教所知不多，但日本的祭典中，用來款待神明的方式，與人們招待最尊貴賓客時的禮數非常相似。也就是說，用餐時間一到，人們就會在能力所及範圍內，用最清潔的方式烹調美酒佳餚來供奉神明，並且盡其所能延長神明愉悅的時光，竭盡全力款待。

現代因夜晚普遍光線明亮，這一點已不再那麼明顯，但舊時在神明用餐的時刻，祭場上不論是屋內或庭院，都會點燃比平日多數倍的火焰。在過去照明手段有限的時代，這些光源通常是篝火或火炬，之後才慢慢改用油燈或蠟燭。甚至還在滿月之夜舉行祭典，也可能與照明需求有關。而篝火不只帶來光亮，也能在早春或深秋為人驅寒，因此也成了招待神明的一種方式。古人很喜歡圍著薪火舉行宴飲，他們便單純地認為神明也會喜歡這樣的景致。

因此，有些冬季的祭典以「御火焚」為中心來展開也就不足為奇。我們故鄉稱這種火祭為「柴燈」。由於中古時期的神道修行者中有「柴燈護摩」之說，「柴燈」很可能就是在這個基礎上產生的新詞。不過，在那之前這項儀式原本稱為什麼，已經不可考了。這些火焰原本只是款待神明的一種設施，後來逐漸被視為整場祭典的核心，於是也產生出各種新的詮釋；另一方面，隨著時間推進，柱狀火炬等象徵性的設置也越來越誇張隆重。

像是富士山北麓的吉田神社、信州的戶隱神社，都因為火祭而聞名，羽黑山的歲夜祭也是以火祭作為一大特色。有些地方還會設置兩堆火，透過火勢的強弱與煙的方向占卜來年運勢。而在這些祭典中，唯有盂蘭盆節期間的「柱松」，很早就被當成是為亡靈舉行的供養儀式，而正月十五日所舉行的「左義長」，在宮中是由陰陽師負責主持，至於民間，這項儀式如今幾乎已成為孩童參與的活動，連原本要供奉給神明的供品也漸漸被忽略了。事實上，這兩者本來都是以「火焚」為重點的村落與家戶祭典。我認為，這些祭典之所以同時帶有占卜年運的意涵，其實是非常自然的發展，接下來我也會就這點做進一步的說明。

四

日本祭典中最常見的，莫過於在庭院中舉行的各種趣味活動。這些活動形式多變，也曾是款待尊貴賓客的重要方式，中世文學作品中就留下無數相關的紀錄。比方說《曾我物語》中，敘述在伊豆奧野的狩倉地區，曾經招待源氏一位年輕貴人，席間設宴款待，並安排相撲比賽作為餘興，博取賓客一笑——即使這段故事未必真實，卻能反映出當時的社會常識。

同樣地，在神明降臨的節日裡，人們也覺得不能少了這樣的娛樂。觀眾全心投入、樂在其中，並單純地推想神明也會像他們一樣感到愉悅，於是頻頻舉杯共飲——這樣的想法雖然質樸，卻令人感到親切溫暖。

至於在神社前開設連歌會，雖然有時文辭拙劣，仍被視為「法樂」，它的動機似乎也與這種「以娛神為樂」的思想相通。有些表演如果非在白天才能進行，人們便會提早安排神明的宴席時間，好讓這些節目順利登場；至於其他多數項目，即使進入夜晚，也會點起篝火繼續進行，如同白天般熱鬧。

例如拔河比賽，常見於小正月、盂蘭盆或八月滿月之夜；又如鬥雞、鬥牛等活動，因選手是動物，無法夜間比賽，所以常在神明巡行抵達御旅所時立刻展開。而隨著當天活動項目越來越多，也可能讓人漸漸忽略這些本來是作為神明饗宴的餘興節目。

從這些祭典活動中，也能看到日本人獨特的審美與興趣。由於我國長久以來崇尚武藝，不知何時開始，弓術與騎馬競技便成為祭典中最為盛行的表演。尤其像是「御弓神事」、「御的射之式」等活動，至今在某些地方仍被視為祭典中不可或缺的重頭戲。

像「流鏑馬」、「笠掛」、「犬追物」這類需騎馬進行的表演，帶有濃厚的貴族色彩，唯有擁有馬匹並能自在騎乘的地方士族才能參與演出。不過，欣賞這些騎射技藝的卻不只有上層階級，許多平民百姓也樂在其中。因此，只要神社的規模稍大，通常就會設法將這些節目納入例行活動中，武士也以能在祭日登場為榮，平日努力練習。

這類活動花費不菲，若是沒有領主或大名的支援，想必難以維持。進入明治時代後，這些騎射儀式便大為衰退，如今所剩無幾。相較之下，在一般農村間普遍流行的是「步射」，即步行射箭的競技，這種形式可能歷史更為久遠。但如今，步射也與騎射一樣日漸式微。

像關東地區某些古老神社的祭典名稱中，寫作「備射祭」、「奉謝祭」的，原本就是步射的祭典，用以對應騎射。可如今這些名稱的意義已不為人知，只留下形式上的射箭儀式，人們只隱約知道「射」大概是「射箭」的意思。因為練習不足，技藝變得粗疏，反倒增添了某種趣味。

例如在千葉、茨城兩縣，每年春初舉行的「御步射」集會，如今甚至已不再包括射箭儀式了。這類活動更像是「日待」或「宮籠」這類的聚餐聚會，輪流由各家主辦，後來演變成只屬於女性的「女步射」集會，至於是否還屬於祭典，恐怕許多人也說不清楚了。

然而往西走，仍可見到保留射箭儀式的地區，即使只存形式，也仍維持作為祭典的一環。這些祭典中的弓射主要分為兩種形式：一種是單純以射中標靶為目標，而靶上常畫有「鬼」字，象徵神明的神威能夠驅除妖魔。有人認為這是對傳說中神力除鬼的重現；也有人認為這代表村人的心願能夠命中目標，而這種時候就不畫鬼字，而是設置「金」、

「銀」等不同靶位，射中的人會受到表揚。江戶時代似乎也流傳這種風氣，「大當」這個詞，即命中紅心，便是源自這個習俗。此外還有「當矢」的說法，用來形容命中靶心的箭形，有時還設計成各種圖案裝飾，直到不久前，在東京下町一帶仍可看到這些圖樣的應用。

另一種名為「的射」的弓箭儀式則屬於競技性質。參與同一間神社祭典的人，會依據部落或家族世系劃分成不同組別，各自選出代表射手，以射中箭數的多寡來分出勝負。

古代的朝廷中，除了新春的「射禮」，也會另擇日期舉行名為「賭弓」的儀式。這種活動設有獎品，不僅參賽者投入度更高，觀眾的興趣也更為濃厚。雖然這類競技的起源可能比較晚，但與容易流於形式的儀典不同，它更著重實力的比拚，因此格外引人注目，也自然會激起觀眾的支持與偏好。

人們甚至會推想，坐鎮於神殿中觀賞技藝的神明，也會像人一樣偏愛表現優異的一方。因此，獲勝的一組在那一年將萬事順遂、鴻運當頭的說法也隨之流傳開來。這些組別不僅鼓勵少年射手平日勤加練習，在比賽前數日，也會像頭屋一樣進行齋戒潔淨的準備，這種儀式甚至有個名字稱作「射手籠」。

不只同一組內的成員全力支援，甚至遠方的親戚也前來助陣，送上鮮花表示支持。比賽結束後，還會舉辦慶功酒宴，像是宮崎縣就有這樣的習俗，即使沒這麼隆重，這種競技在當地仍是一場全民振奮的大事件。從瀨戶內海沿岸到九州這一大片區域，有一種稱為「的射」或「百手祭」的弓箭儀式，就屬於這種競技性質的活動。「百手」之名源於一手兩箭，象徵射出兩百箭的規模，由多組人馬輪流上場施射，場面盛大且極具傳統意義。

五

我國傳統的運動競技，幾乎全是從祭典中的活動演變而來的。雖然相撲與賽馬這類競技後來逐漸脫離信仰儀式的範疇，成為單純的娛樂或比賽，但它們留下的痕跡仍依稀可見。例如相撲場上的太鼓聲、大型御幣「梵天」，乃至開場前「東西東西」的呼喊聲，都透露出過去的宗教色彩。另一方面，這些競技也成為各地小型神社祭典的一種儀式，雖然規模略顯衰微，仍以某種形式保留了下來。

在我出生的村落，每到神社舉辦相撲祭典時，連瘦得像魚乾的小孩都可以上土俵參與比試。我至今仍然記得，每個人都會獲贈一朵花作為紀念。而這些活動會在正月或盂蘭盆節等固定時節舉行，原因不只是因為假日方便，更有它的來歷與典故可循。

現在已經被禁止的「濱」這種遊戲，在近代一度只是小孩子隨興玩耍的流行娛樂，但在更早以前，它其實是用來占卜神明偏愛哪一方的儀式。就如同賽馬與拔河一樣，「濱」過去是在春天剛開始時，在神社前的馬場上，或是在兩個村落交界的十字路口舉行的活動。即使到了今天，全國各地仍能找到名為「濱射場」的地名，數量多達數百個，如果這只是單純的兒童遊戲場，恐怕不足以留下如此正式的地名。

至於名為「印地打」的投石對戰遊戲，則在中世代持續了相當長的時間，相關記載屢見不鮮。這類活動並非想辦就辦，以日本來說，只在五月五日端午節舉行，更早的時代則是在四月二十二日舉行，可見歷史之悠久。而在朝鮮，這項習俗仍保留至今，主要作為正月十五日的例行活動。

再看看日本男孩第一次過新年時，會收到「破魔弓」與「ぶりぶり」（buriburi）[5]這些祝賀品，由此可見，這原本應是男童必須參與一次的祭典角色，是成長儀禮的一部分。

三河豐橋的神明社於正月十五日舉行的「榎玉神事」，就是流傳至今且十分著名的春祭。據說這場活動會透過比賽的勝負來占卜「カン（kan）地」與「フク（huku）地」的兩個村落——即旱田與水田哪一方在新的一年會更為順遂。

以搶奪神聖之球為核心的競技，稱為「玉取祭」或「玉競神事」，特別盛行於北九州地區的許多神社。即使不考慮勝負得失，這樣的遊戲本身就充滿樂趣，人們相信正是受到神明的庇佑才能獲勝，而獲勝這件事也象徵神明一整年的恩賜。因此，人們全心投入其中，為之狂熱，難怪長年以來對這份樂趣始終難以忘懷。

我們或許已經不自覺了，但在許多競技所引發的興奮情緒中，至今依然存在一些無法僅以全球共通的心理學來解釋的部分。前一年，

5 編註：男孩的新年玩具。外形像是八角（或六角）的木槌，上頭塗有彩繪。兩側裝有小輪子，可以繩子拉動，也可以裝上手柄，用來擊球。

在文學部的學友會中，我也曾以〈膂力與信仰〉[6]為題進行演講，思索過這個問題。關於競技中的勝負分野，沒有人會天真地認為完全可以靠計算算得出來。

如果再追根究柢，那些所謂的「運氣」，亦即隱藏在背後的某種力量，詩人或許會形容為命運之神的微笑，我們日本人也曾將它感受為守護神的微笑。而這樣的想法，即使到了今天似乎多少還殘留著。如今我們依然會說「支持」或「應援」是不可或缺的，或許正是這種宗教性共鳴的延伸表現。而贏得勝利需要「背後的力量」這種無形支持，這樣的信念恐怕不是毫無根據的民眾心理吧。

六

除此之外，還有一件事也值得我們一併思考。古代的日本人堅信神明總是透過某些簡單的形式，向信仰祂的人們傳達自己的心意。人們也相信，一年一度的祭典之日，正是最能窺探神意的良機。

中國人常說「日日是好日」，但我們日本人在認識陰陽五行說之前，就已經認為一年之中有吉日也有凶日。除了節句、正月等自古以來就固定下來的重要日子之外，年年不斷舉行的祭日，也被視為神明啟示的「良辰吉日」。人們相信在這一天所做的事都能發揮正確的效果，而這一天聽聞的神諭更是不會出錯。因此，人們會盡可能選在祭日來制定一年中的重要計畫。

在所有節日中，秋天的祭典主要是向神明感謝豐收、慶祝農作的圓滿完成；而春天正好相反，是充滿各種未知與不安的時節。如前面所述，許多年占儀式，正是為了將這種未定的焦慮轉化為信心與決心所舉行的。

年占的種類依地區習俗而異，形式也多采多姿。其中最簡單的稱為「世試」神事，包括水占、冰占、飯占，甚至還有所謂的「置炭占卜」。例如在東北地區，農民至今仍於小正月（正月十五日）前夜進行豆占或胡桃占。人們會先把灶火整平，然後將豆子、栗子、胡桃等十二顆堅果依序排好，象徵十二個月分，並依照它們燃燒的情況來預測這個月的天氣：燒成白灰代表多晴天，變黑則為多雨，有風吹動則為多風的

6 據傳柳田國男於一九三〇年十月十七日，在東京帝國大學文學部講演會上發表了名為〈脅力與信仰〉的演講，但詳細內容不詳。

月分。如果能大致預測各個月分的天候，人們便可據此安排播種時機、作物種類與數量。

另外還有「筒粥」、「管粥」等神事，也是年占的一種。在祭典當天，將蘆葦或細竹切成中空的小管子，數量比十二個月分多一些，上頭分別寫上不同作物的名稱或品種、播種時間等，再放入粥鍋與神粥一同煮，最後依管內殘留的米粒多寡，推測該作物在該年的收成好壞。在關西地區，最著名的粥占儀式，要屬大阪府河內地區的枚岡神社。這裡的粥占相當知名，歷史悠久而且儀式嚴謹。而東京周邊的鄉村，則會收到來自群馬縣榛名神社所舉行的筒粥占結果，這些占卜結果甚至會被印刷出來，發送給附近村民參考，足見其影響力之廣。

除了上述幾所神社，仍有不少社格等級最高的官國幣社在春天剛開始的祭典中，持續實施這種筒粥占儀式，數量絕對不只五、六間而已。可見這樣的年占文化，在全日本各地都有深厚的傳統根基。

我覺得非常有意思的一點，是至今在中部到東北地區，許多村落的本家依然會以同樣的方式私下進行年占。通常是在正月十五日前夜、節分或除夕當晚舉行。雖說鄰里之間的結果要是不一樣，可能會覺得尷尬，但其實現代人已不太把它當一回事了。不過往昔，那可是關係重大的指引，因此整個地區會統一由一個代表來進行年占。

隨著傳統大家族制度瓦解，家庭縮小為夫妻與三個孩子的小單位，已不再使用能放入那麼多根筒子與管子的巨大鍋子來煮正月神粥。現代家庭多半只是象徵性地使用所謂的「粥攪棒」，將粥攪一攪，或者只是在棒子一端刻有十字裂縫的地方塗上一點儀式用的粥，然後恭敬地供奉在神龕上，口中誦唸「吉祥吉祥」以示祝福。等到真正進入插秧的季節，再把這根棒子插在育苗田的出水口，作為祈求豐收的象徵。曾幾何時，我們相信一年十二個月的天候吉凶早已注定，而且神明早已知曉一切。這種信仰的範圍之廣，遠非今日可比。

更重要的是，神明的意志曾深深參與人們的日常生活，是不可分割的指引力量。對古人而言，祭典與平民百姓的家庭生計息息相關，重要性遠遠超過後世對神道的尊崇之心。尤其稻米不僅是天皇的御膳品，也是各地神明的供物，並且是供奉神明之人於祭典期間正式享用的食物。因此，不只政治人物，而是當時社會中極為龐大的群體都在關注農作物是否豐收。

賽馬成為祭典活動之一的起源，我認為不只是單純比較技藝高下，而是與前面所說的「筒粥」占卜一樣，反映出與整個社會息息相關的重大利害關係。我會這麼想，是因為歷史記載中提到，朝廷曾將紅馬牽往古代大和的神社以祈晴，或牽黑馬以求雨。從中世以後的紀錄來看，許多神社都會在祭典上進獻「神馬十列」，據說是十四馬，雖然與一年十二個月還差兩個月的數量，但我推測那是象徵正月與二月以外的十個月分。

這些馬匹毛色各異，人們透過牠們依序抵達的順序來預測每個月的天候，或許這正是最初的目的。即使是今天，在地方上，古老神社於五月插秧季節舉行的祭典中，仍可見到「馬驅」這項儀式。這種賽馬活動的馬匹通常不會載人，像是著名的賀茂競馬，原本也只單純比馬的奔馳速度，雖然後來出現了騎馬的人，但這些人被稱為「乘尻」，可見他們只是馬的附屬品。

最初這種儀式應該不是在比騎士的騎術，而是讓無心的馬兒聽從神意，自然地前行奔馳，從牠們的毛色與先後順序來進行年占。重點不在騎手，而在馬本身。假設以三月為起始，那麼代表五月的第三匹馬若是紅色，就被視為不吉；若是黑色，則為吉兆。這樣的習俗，或許就是古人留下來的信仰印記。當然，若能仔細查閱相關紀錄，也許能確認這些推測是否正確。

無論如何，祭典的主軸與人們的關注焦點，確實是逐漸轉變了。隨之而來的，當然不僅是神輿的裝飾藝術，也包含祭典本身的樣貌。我們有責任運用各種方式去追溯那些習俗的本來面貌。

七

這樣的變遷，雖說在近世以後特別急遽且顯著，但我認為在那之前，早已有些緩慢而不易察覺的轉變了，只是，今天的研究尚未發展到能夠逐一釐清這些轉變的程度。在眾多未能解謎的課題當中，有一個我們長久以來深感興趣，卻幾乎沒能深入探討的問題，那就是：除了前面列舉的這些較為簡單的占卜方式之外，對於關乎整個家族、門第乃至社會命運的重大事件，人們從神明那裡接受啟示的方式，是經過如何的演變，最後才形成今日這般樣貌呢？

我們不能輕率地說，過去的時代從未有過這類的神諭方式。像宇佐八幡宮的神敕傳說就極為著名，而除了這個例子之外，凡是國家遭逢憂患之時，由神明藉人之口發出預告或指引的例子，在古老的紀錄中可謂不勝枚舉，具體得讓人目不暇給。

然而，這些啟示的出現，後來漸漸變得稀少，最終甚至被視為與神社毫無關聯的現象。究竟是什麼原因導致這樣的轉變？應該不能只歸咎於民眾不再相信神諭吧。事實上，至今仍有不少人深信神靈之言。只是這些話語如今多半不再出自名門神社的祭司之口，而是經由一些被視為「老嫗」或「奇人異士」的中介者傳達，且往往受到司法或警方的打壓。這才是現象不同之所在。

那麼，為什麼重心會發生這樣的轉移呢？這類學術上的重大問題，自然無法輕易給出答案。我的一貫作風是，如果一時無法解答，就先將問題放在心上，耐心溫養。不過如果只是這樣，作為一場講演或課程實在也太過空泛無據了。

正因如此，我想，還是在這裡稍微談談我心中的一些推測，雖然不夠成熟，多少也算是我摸索出來的一條思路。不過，我要先提醒各位，千萬不可輕易照單全收，就當作是一種參考方向，聽過即可。

首先值得注意的是，神的啟示本來就分為「臨時」與「定期」兩種情形。

在信徒毫無預期之時，突然出現奇瑞[7]景象，從而聽見神靈的託言，這無疑是極為震撼的經驗。但這類情形往往出現在福運或災難將臨的重大時刻，即使人們因此趕緊舉行臨時的祭祀，多半也是在平時並未預定為祭典的日子裡所發生的。

相對而言，另一種「定期的神託」則是事先有充分準備，虔敬迎候而來的。不過，因為多半是在風平浪靜、無災無難的日子裡進行，自然也難以出現那種令人屏息的神聖言語，久而久之，這樣的啟示逐漸流於形式，最後甚至與其他種種祭典儀式混在一起，失去它原有的獨特性了。

當然，也可以從另一個角度來看這個現象，或許是負責祭典的人

7 吉祥的徵兆。指某種不可思議的現象被視為好事將臨的預兆。

才逐漸退步，或是人們對神靈的感應力變得遲鈍。但實際上，自古以來那些在祭典之日所傳達的神諭，多半早已有一定的形式與框架。

以沖繩為例，在每年的農作祭典中，除了由祝女所高聲吟誦的祈禱詞「御崇」之外，還另有一種稱作「御宣」的特定神諭。前者是人們向神明陳述的祈求之詞，而後者，則被認為是神明向人類傳遞訊息的話語。不過如今，就連當地島嶼上的祭司們也不再有意識地區分這兩者，更無從解說它們的差異了。

在大和這樣的文化核心地區，如果仔細去看某些自古流傳下來的祝詞，似乎也可以發現與「御宣」相類似的神諭。折口信夫曾經指出，在某些祭文中，祈願詞與神諭已經交織融合，難以明確區分了。由於我對古代文辭並不精通，目前還沒有能力將這類內容一一辨認出來。

其次，還有另一個與上述分類有點關聯的觀點，那就是神諭可以分為兩種：一種是人們先行請示神明，然後才獲得神明的答覆；另一種則是在人們毫無預期的情況下，神明主動發出的啟示。

神明的氏子，與那些偶然前往外地參拜神明的人不同，他們從一開始就對自己的氏神懷有深厚的信賴。他們相信，只要有什麼非知道不可的重要情事，神明一定會顧及多年來的親緣與庇佑，自然地向他們發出啟示。也正因如此，他們總是懷著一種安心感在生活。

不過，當和平歲月長久，那些異常的神啟越來越稀少後，能夠敏銳地領受神諭的人也就少之又少，甚至超出了普通祭祀人士的能力範圍後，便出現一些特別擅長這類神諭的專業人士，他們逐漸展開獨立的活動，不再只是依附於神社。

當然，這些專業的媒介者應該也有自己所侍奉的氏神神社，祭祀方式上想必也有一些特殊之處。不過，由於他們總是奔走於村外，四處活動，與原本神社的聯繫也就漸漸淡薄了。更不用說，他們的信仰形式也無法發展出一套能夠影響其他神社的教義，因此自然地，他們的活動範圍便漸漸限定在「代言神諭」上。結果，就與掌理正式祭典的神職分開來，形成我們今日所見的兩條並行的「侍奉神明之道」。

從官府所承認的神職立場來看，這樣的分支往往被視為淫祀邪道、無法接受的異端。然而，從一般百姓的角度來看，或許從來沒有明確地將兩者劃分開來，至少在明治初期政府頒布嚴格禁令之前，那些被稱為「巫女」、「修驗者」的人，也不過是身處特殊境遇的另一類神職罷了。

他們與當地神社正統神職的差別，在於他們經常主動迎入新興神明，並過於強調「神諭」。但這種現象只要稍微回溯過去，其實在日本各地都曾普遍存在過，未必是他們這類人特有的行為了。

八

從古代的文獻到近世的實例都可看出，越是新近被迎請來祭祀的神明，越是頻繁地傳達神諭，而且，小神明更常出現附身於人或是顯示出憤怒的情形。「祟」一詞原本只是指神靈的顯現，並不帶有災禍之意，但如今卻專指神明降下災害的狀況。這是因為人們還不能親身體驗新神的神威，因而需要透過「祟」來強調神的存在與力量。

隨著歲月流轉，人們在長期奉仕的過程中，自然而然地產生一種想法，認為只要依照既定的方式，持續舉行既定的祭典就可以了，即使沒聽到任何神諭也無妨。於是，不知不覺間，便逐漸遠離了對神諭的依賴。與某地淵源深厚的神明，也彷彿是對古早的約定充滿信任，因此變得相當寬容，幾乎不再主動頒布神諭，甚至容許或主動引導外來的神明前來顯靈。

對於那些強調「上帝是獨一的真神」的西方學者而言，日本的某些信仰形態恐怕是難以理解的。例如「寄宮」、「相殿」、「行逢祭」等神明共祀的形式，或者是在神社境內設立名為「末社」的小神社，將許多著名大社的神明請來一同供奉。這些都是日本信仰的一大特色，因此除了我們自己，沒有其他人能真正理解這種風俗的成因。

我不認為自古以來就有這樣的複合信仰體系，反而傾向於相信，過去每個氏族原本只是單純地奉祀自己一族的祖神。不過不論源起如何，到了近代，信仰的現狀確實已經演變成如今這種樣貌了。

我們可以在不違背本地氏神或產土神的意志下，同時巡禮多尊神明，甚至迎接祂們來到我們的土地上共同祭祀。這無疑是時代變遷的結果，背後的成因或許可以歸結為新舊文化之間的調和，或是因農民心理而起的信仰轉變。但不得不承認，我們固有的信仰之中，本就具備了能夠產生這種變遷的條件。

而其中最主要的一項條件，便是我們長久以來的信念：神明的啟示比人類的推論更加正確、更加有力。儘管近代這種信仰已經大為衰退，但從前神明降下神諭是一項極為重要的神事。當然，神諭本質上並不是從事者的意志所能輕易左右的，但其實背地裡，那些傳達神諭的人仍受到當時社會環境與神道學者學說的影響，而且這些影響不容忽視。

九

神明的顯現，隨著世代的變遷漸漸變得稀少，或者說，至少召請神意的方式已經有所改變。然而，在各地歷史悠久的村落神社祭典當中，那些以固定時節進行的神諭儀式卻並未完全消失，有些地方正是因為這類祭典的存在而為人所知。

神靈附身於人的形式，即「神態」的表現方式各有不同。到了後期，連催眠術也都用上了。其中一種我認為自古即有的方式，就是「湯立」

儀式，有些地方稱之為「問湯」。每當遇到難以由人力判斷、只能仰賴神意的事件，會於祭典場上設置巨大的釜鍋，燃火煮沸清水，藉此祈求神力顯現。

即使如今已不再舉行這類儀式的神社，仍可看到拜殿中央留有一塊泥土間，那多半就是當年置放湯釜的遺跡。我在九州東海岸曾聽說，至今仍有神社每年祭典時會舉行煮湯儀式，通常會邀請外地的祭祀專家，地方上稱為「祝」（ホウリ（houri）），方言則說成「ホッドン」（hodon），由他們手持竹葉枝，將釜中熱湯灑向四方。不論是參拜者所穿的節慶新裝，或是「ホッドン」的潔白法衣，都會被灑得濕透。這情景就像是一種名為「湯垢離」的潔淨儀式，讓人感受到難以言喻的莊嚴神聖。

不過這項儀式一般只進行到這裡，不會有神靈附體到祭司身上、祭司口吐神諭的異常狀態。然而在過去，透過反覆進行這項儀式，巫祝會讓神靈降臨於自己或是身旁某位特定之人身上，藉由人的語言來傳達神的旨意。這一點，從許多關於「藉由湯立儀式聆聽神諭」的古老傳說中可見端倪。甚至有些地方稱呼專責傳達神諭的人為「笹叩」，說明這樣的信仰實踐確實存在過。

換句話說，巫祝手中的竹葉，在意義上與神社常見的「幣束」相同，象徵神明的神聖之力。而將竹葉沾上熱湯，揮灑四方，也被視為「請聆聽神諭」的神聖行為。只不過儀式的結果並非人力所能左右，即使做完所有的儀式程序，也漸漸出現無法接收到神諭的情形。

於是後來，就像備中[8]吉備津神社那著名的「鳴釜神事」，轉為以釜聲的高低與節奏來占卜吉凶，或者只是象徵性地將手伸入熱湯中而不覺灼熱，以示神蹟。更有些地方僅保留煮湯這項儀式，每年舉行一次，純為形式。

近年來，像是三河北設樂郡的「花祭」，祭典中仍有一種名為「湯手房」的儀式，參與者手持特製的竹葉，繞著熱湯大釜跳舞，觀眾也會齊聲呼喊：「タァフレ（ta-fure）！タフレ（tafure）！」為舞者助興。我認為，「タフレ」一詞，或許是日語中意指發狂的「タフ（オ）ル」（tafuru）或「タクラフ（ウ）」（takurafu）的命令形演變而來的。

儘管群眾熱情吶喊、氣氛熱烈，如今卻已聽不見神明的言語了。也就是說，現代人漸漸不再受古老儀式所感動，神的聲音，已隨時代靜靜遠去。

這個「問湯」儀式，如果要發揮效果，也就是促使人進入神靈附體的狀態，通常會藉助音樂的力量來強化，或是重複吟唱一些頌讚神明的詞句，節奏略顯單調，卻極具感染力。

即使到了今天，在虔誠信徒之間仍會舉行的「千度祓」，乃至「六根清淨」、「謹上再拜」、「十神惠御民」等祈願詞，詞句本身或許沒有特定的意義，真正的目的反倒是透過那份熱切的反覆吟誦，加速神靈顯現的可能。因此，我個人認為，參與儀式的所有奉仕者都會宣示自身的虔誠與清淨，並確實遵守各項禁忌與齋戒，正是出於對神明降臨的殷切期盼。

也有些神社會在儀式中高聲吟唱所謂的「神歌」，例如：

若您將降臨，請從此刻起就降臨吧，
如那潔淨無瑕的榊木枝上，穩穩停駐、無所觸礙。
如今正從東方而來，抵達這長長的濱海之地，

8 譯註：舊時行政區，約位於現今的岡山縣西南部。

我已牽起韁繩，備妥白鬃駿馬，恭候駕臨。

這類神歌，至今仍在日本東西各地的祭典中流傳。人們反覆吟唱的目的，其實只是為了在等待神靈降臨的時刻，排遣內心的期待與激動，並無其他深奧的意涵。

此外，還有更進一步、語氣略顯直率的激勵歌曲，例如：

若真是神明，
就請輕輕搖曳、悄然無聲地降臨吧。
哪有神靈會因羞赧而遲疑不現身呢？

這樣的呼喚雖然充滿熱情，但如今的參與者多半連歌詞本意也無法理解，因此就算唱得再大聲，也很難期待它能發揮昔日的神效了。

十

所謂的神舞，也就是供奉神明的舞蹈藝能，隨著世代演變逐漸興盛起來，或許正可從這樣的角度來加以說明。關於「舞」與「踊」這兩種表現形式，我從很久以前便跟別人的看法稍有不同。用簡單的話來說，「踊」是行動本身，而「舞」則是伴隨行動而產生的歌或敘述。「踊」在外國也頗為發展，但「舞」似乎在西方並不常見。也許有吧，但我至今還沒見過能真正稱為「舞」的東西。之所以這麼認為，是因為「舞」的起源在於詞曲。最初是來自口中的吟誦，然後才產生動作，也就是「身體表現」。所謂的肢體語言，其實是第二階段才出現的。

依我看來，舞是一種與祭神儀式相關的信仰現象。最初，它被稱作「讚頌之詞」，是在祭祀中反覆而誠摯地頌揚神明的偉大力量、與村人自古以來的深厚因緣，以及在必要時神明總會現身、賜予神諭的信念。隨著讚詞的不斷重複，人們逐漸進入一種恍惚狀態，進而超越人與神的界限。這種自然流露出來的狀態，就是最早的舞。至於那些「手該怎麼揮、腳該怎麼踏」的既定樣式，是後來才逐漸演變出來的。

「俳優」（わざおぎ〔wazaogi〕）這個詞，如今在風雅人士之間仍然是指戲劇表演等，但大多數人雖然知道「わざ」意味著行為、表現或技巧，卻未必了解「おぎ」的原義其實是「招來」之意。在我看來，「俳優」原本就是指以才藝來招神，也就是透過行動與表演來請神降臨。

當然，也可能有些形式是依據過往經驗，一開始便設計出配合歌詞的舞蹈動作，但即使如此，為了累積這樣的經驗，人們仍需先被「讚詞」的莊嚴力量所打動、與神同在才行。畢竟，沒有這層感動的話，單憑空想要創出某種舞蹈形式是不可能的。

換句話說，最先出現的是言語的巧妙與力量，而舞蹈是這種力量的直接表現。若再進一步說，我認為舞蹈的本質，正是為了營造出讓神明得以降臨、依附的狀態而產生的身體律動。

如今各地村落中的神舞早已陷入形式化，忘了起源，也說不清為何舞者總是在一處不斷地繞圈旋轉。但在能樂的舞蹈中卻能窺見昔日的痕跡。能樂中的主角「仕手」多半是扮演神明或精靈，不然就是所謂的「物狂」，也就是站在人與神之間、處於恍惚境界的存在。這些角色至今仍在口誦那些「被神附身之人」才說得出來的神語。

過去在這樣的表演中，表演者會說：「讓我為您瘋狂地跳一場有趣的舞蹈吧。」其中「有趣」一詞，原本是形容一種信仰現象，是指那種能夠觸動心靈、令人神魂顛倒的神聖魅力。但隨著時代流轉，人們的感受逐漸改變，最終，「有趣」成為與祭典無關而獨立發展的一種情感。然而，那份強烈感動的根源，如果是在我們的國土上，仍是可以一路追溯、尋其本源的。

許多古老的傳說，也就是神祕古代人生活的傳承，之所以能作為歷史中最重要的一部分而深深打動我們，它的本質正是當時人們對神的誠摯讚頌。舉例來說，討伐帶來災禍的鬼怪故事，那些鬼後來演變為狒狒、大蛇或是山賊等形象，至今仍以文學趣味之姿存於大眾小說中。這些內容，其實正是我們的遠祖所幻想而留下來的遺產。

又或者，那些講述英雄從惡魔的魔掌中救出清純少女，之後兩人結為連理，並孕育出世上最偉大人物的故事；或是種種能令浪漫的人們常駐心頭的傳奇，如果我們試著回溯它們的源頭，就會發現沒有一個不是與神有關的故事。

即使在最初，那些不可思議的故事是由神親口教導世人的，但將它們傳承至今，並讓它們在璀璨華麗的近世舞台上重新演繹、發光發熱的，卻全都是我們人類自己的力量。

各位或許曾在某些時候，思索過藝術的宗教起源這個問題。而試圖向人解釋這件事的人，往往是偏好希臘文化的學者。他們總是搬出遠古希臘曾有過某些這樣的例子，以此為據來說服他人。但如果我們只是點頭附和一句「原來如此啊」，那就不過是個人云亦云的西洋模仿者，連「混血」都稱不上了。即使西方真是如此，但日本這邊也存在著類似的情形，至少我們應該努力達到這樣的認識：人的內心，或許是能夠跨越民族差異、以相似方式展開的。各位同意嗎？

當然，這樣的話題已經超出我此刻講課的範疇。我真正想表達的重點是：如今許多文藝創作的趣味與題材，似乎都能追溯到祭典之日的「讚頌之詞」，以人們在自然感動中生發出來的舞蹈動作為媒介，這些表現方式才得以長久流傳於民間，成為民族文化的一部分。

年復一年的祭典中，為了安撫神明，請祂進一步將福澤降臨人間，如果只是抽象地重複讚頌神德之高尚，終究是不夠的，必須進一步訴說：「您在遠古之昔，曾經也做過這樣的事，不是嗎？」、「這些傳說，我等至今仍銘記在心。」甚至，還要懇切地表達：「如此宏大的願望，相信您定會垂憐垂聽。」、「這本就是您與我等遠祖之間所締結的神聖約定。」

人們會用極為謙遜的語氣，小心翼翼地在神明最歡悅的時機說出這些祈願之詞。而在感情激昂之下，人們會情不自禁地舞動起來。只不過，記得這種情景的人越來越少了。

神與人的距離，往昔曾是那樣親近，隨著世代的推移卻漸漸疏遠了。最具體的一點便是祭祀的態度，從前比起如今，更近似於款待貴賓般的慎重與誠敬。其實不用刻意回溯古代，只要傾聽當今鄉野角落仍健在的老人家所保有的感覺與記憶，就能窺知這點了。

十一

初春時分，許多神社舉行的「插秧祭」或「田遊」活動，按我的分類來說，這些並不屬於「舞」。雖然它們也是一種「俳優」，但主要強調的是手腳的動作，反倒是東北地方稱為「插秧舞」才比較貼切。譬如說，在庭院的積雪上堆起畦溝，把松葉當作稻苗來象徵性地插種；或者有人扮成牛，手持以麻糬製成的犁，模擬耕田的動作。像這樣的儀式雖然會配上插秧歌，但那也只是作為整場演出的一個環節而已，與盂蘭盆舞進入高潮時插入的即興說唱「口說」十分相似。

在東京近郊，如板橋外圍的赤塚德丸等地舉行的田遊儀式，實際情形在《四神地名錄》一書中記載得非常詳盡，當地有扮演各種角色的分工，是一場澈底的戲劇演出。而今被納入橫濱市的舊都築郡杉山神社，它的田遊儀式也被記載於《神社便覽》中，雖然只列出當日的歌詞，但我們知道他們會將神社的庭院視為稻田，象徵性地犁地、插秧，接著趕走如麻雀、烏鴉、鷺鷥、鼴鼠、螻蛄、田螺、泥鰍等所有會損害稻田的動物，順便連家中多嘴婦人愛偷吃東西的壞老病也一起趕走。可見這種表演活動的細緻與講究。

有些地方將這樣的活動視為村中共同祭祀氏神的例行慶典，而另一方面，在東北與北陸地區，則有在正月十五日之前的夜晚於各家中模擬這個儀式的例子，有時還會稱之為「皋月」或「插秧」。也有少年少女自稱「早乙女」或「小苗打」，到大戶人家的家門前模擬插秧儀式來領取麻糬或錢幣。如今這些活動雖然多半成為觀賞娛樂的笑談，但在一些傳統人家中，仍有長輩覺得要是正月沒舉行這些儀式，會有種不踏實或不安的感覺。而當家主換作接受過現代教育的年輕人，如各位時，這些習俗通常便會中斷了。

這類的祭典活動，外觀上看起來常與某些咒術儀式相似，但我們這些人不會以這樣的觀點來看待。如果溯本清源，它們或許比信仰還要更古老。無論如何，到了現代，它們都是在神明祭典之日所進行的藝能表演活動「俳優」。不難窺知，用意是讓陪人們一同觀看表演的正月神明也能明白：「原來眾人期盼的正是這些事物啊。」

另一方面，隨著這些技藝越發精巧，趣味性也日益提升，自然而然很多人都希望將它們從宗教儀式中獨立出來，純粹作為一種遊藝來欣賞。特別是在大型神社舉行祭典日子，從外地前來觀賞的民眾多半是期待表演活動的。而舉辦活動的地方人士也會迎合這樣的期待，尤其是在比插秧祭更費工的繞境巡行之類的活動中，每年都設法加入新意，變換花樣，力求讓觀眾驚艷不已。

中世時期，在京都一些著名的祭典中，人們稱那種奇特又別出心裁的演出為「風流」。這種風流不斷發展下去，最終就演變成今日那些看起來大相逕庭的祭典樣貌了。

換句話說，神明降臨祭場的那種「俳優」，並非原本就是這個模樣。因此，像我這樣的人反倒會認為，沒有觀眾，也沒有預設要讓誰觀賞的偏遠島嶼或山間村落的祭典，或許反而保留了更多古老的原始形態。

十二

舉例來說，雖然也是來自南方島嶼的例子，在沖繩，至今不過兩百年前的紀錄中，仍記載著人們確信曾親眼目睹「神女」降臨於一處靜謐的海灣，在緋紅的薄霧之中沐浴身體。

在袋中和尚所著的《琉球神道記》中，更詳細記述了某座靈山的山頂上，每隔數年，在世間最為安穩的時期，神明便會降臨，然後緩步走到王宮的庭園，在那裡撐著傘遊樂的習俗——這應該是作者親眼所見。

甚至在僅僅二十年前，我親自拜訪奄美大島南部某村落時，當地人仍然深信，在祭典之日，神明會騎著白馬降臨，進入神山腳下的祭神場所「殿屋」。此外，有人告訴我，在同樣的神聖之地，在無人擊打的情況下，祭日之夜會響起鉦聲——就連從本州遷來的居民也深信不疑。

但幾乎在同一時期，《山原土俗》的作者在登上國頭郡某御嶽時，發現藏於巨石下的三面鉦鼓，原來那是為神效勞的祝女所管理的東西，村中男人都不知道有這樣的東西存在，因此，作者被一路尾隨而來的老婆婆痛罵一頓。

還有一則來自某海岸村落的傳說，內容是某次海神祭之日，一名青年遠遠望見神明想要登船，便急忙跑上前擁抱，結果發現竟是自己的母親。

在這些島嶼中，祭祀活動完全由女性主導，相關內容從不向男人透露，因此形成了「神明現身時會假借女性形貌」的信仰，並且流傳到相當近代的時期。雖然性別不同，但這種情況與新赫布里底群島某些名為「zukuzuku」的儀式有幾分相似。

而在日本本州，女性的這種特權早已失落，再也無從看到這類信仰了。即使如此，直到近代為止，仍有不少人堅信「神明原則上會附身於女性身上，而巫女則是傳達神諭的人。」

另一方面，也有使用少年作為「尸童」，即乩童的例子，南方島嶼似乎沒有，但在本州，這種情況自古以來便屢見不鮮。這種尸童稱為「一物」，會佩戴著花枝、菅莖或山鳥的羽毛，騎馬出現在祭禮隊伍的中央，並在一定的期間內被視為與神同等的存在。

例如在信州諏訪等地的祭典中，近世人稱之為「殿樣」，因此整個儀式稱為「大名行列」，但之所以邀請這位「殿樣」登上宴席主位，並避免其雙足沾土，正是因為他曾被視為「神實」，也就是神明的化身。

土佐某神社的「大行事」這個兒童角色，也在祭典期間被視為神明。當人們在兒童的額頭上用白粉描繪上神的印記後，據說這名兒童就會立即陷入催眠般的狀態，然後在人們的扶持下騎上馬匹，前往祭場；而祭典結束後，一旦洗掉白粉，又立刻恢復神志。

如今的「尸童」大多沉默不語，只是列席於儀式中，因此重要性已日漸淡薄。但從中世以前的許多紀錄，以及近世民間的記憶中，仍能經常看到這樣的敘述：幼童突然開口，傳達神意，使在場的人驚愕萬分。

而豎立起一根玉串、木柱，或是活樹，藉以感受神明降臨的儀式，在外觀上已經和前面那種做法有明顯的差異了，但只要心存敬意，不論是誰，即使是外國人，恐怕也不會單憑外在形式就要理解信仰的本質才對。

而且，直到今天，國內仍存在著一種奇特的學風，喜歡就每一個事象逐一繁瑣地講解。也正因為如此，爭論四起、印象紛亂且膚淺，伴隨祭典而來的那種固有的民族感受，反而被擠壓至邊陲了。

因此，我們應當重新以最簡明的方式來思索：祭典的核心在哪裡？什麼才是最主要的事務？

若要相信祭祀與政治本是一體，首先必須釐清「祭」的原初形態。而要明瞭這一點，恐怕除了進行比較之外，別無他法。

第一，找出城市與鄉村、大與小的祭典之間的共通點。
第二，發現彼此的差異，並思索它們的成因。
第三，從外觀上各不相同的地方儀式中，探尋隱藏於背後的連結與共通性。
這三點，是我們長久以來的研究目標，雖然離完成還有很遙遠的距離，但至少，我仍可以在這裡毫無保留地向各位訴說這份希望。

6 供品與神主

一

在今日被歸為「祭典」這一總稱下的所有信仰儀式中，有兩項要素是必定具備的，而且不常出現在其他民族的祭儀中，一是設立「御手座」，一是供奉食物。

其中，「御手座」的名稱隨地區與時代而異，形制也做過許多變化，發展為像是御幣、玉串、笏、扇子等形式，要說這些其實是同一種東西，多少還需要一些論證。而另一項「供奉食物」的行為幾乎沒有人不知道，早已普遍到讓人理所當然地接受，算是全國各地極為明顯的共同特徵。說不定還有人會認為，「祭祀」指的就是「奉上食物給神明」。

當然，供奉的方式也有簡單與繁複之分，從樸素平實到極盡隆重的都有，分好幾個階段，如果比較最高與最低階的供奉，差異之大甚至讓人覺得根本是不一樣的兩件事。

舉例來說，正月裡人們會去山中迎接「新木」、去泉源迎接「新水」，這時候帶去的東西就是供品。日本西部地區將這種供品稱為「御散供」，人們以白紙包著洗好的米帶去，既可以供奉，也可灑撒。有些地區甚至以蜜柑取代，形成了地方特色。

但在關東到東北這一帶，同樣狀況則是會帶麻糬去獻給山神或清水之神。特別是在奧羽[1]地區，如果舉行山神祭，會將這種麻糬稱為「ヌサカケ」(nusakake)，用一種稻草套袋夾住後掛在樹枝上，並呼喊「ロウロウ」(rourou)或「シナイシナイ」(sinaisinai)，召來山上的烏鴉啄食。如果是供奉給清水之神，則會將圓形麻糬對半分開，一半放進水桶帶回家，另一半就放在井邊或是讓它沉入水底。

接著，孩子或之後來汲水的人，會以竹子將麻糬拿出來，並用自己帶來的另一半麻糬交換放上。這就是所謂的「水餅」。人們相信它具有特殊的靈力，會將它冷凍、風乾儲藏，到了六月朔日拿出來吃，相傳這就是現在「冰餅」的起源。

據說這種麻糬稱為「固齒餅」，吃了能讓牙齒強健，有時會將它嚼碎後塗抹於手腳上，作為防蟲避邪之用。現在有些地區已經把它當成一種儲存麻糬的方法，或者只是當作正月水桶的裝飾，但幸運的是，至今仍有許多地方保留著「將水餅分成兩半後帶回家」的習俗。

即使是這樣簡直像孩童遊戲般的傳統活動，我們仍能窺見「直會」這種習俗的初衷，也就是說，神明將清澈的泉水賜予人間，並親嘗了那半塊麻糬，因此餘下的一半也被認為具有讓人健康，甚至防止蟲蛇侵害的神聖功效；人們於神事後享用這些供品，藉此獲得神的祝福。

二

另一方面，讓山神的麻糬被烏鴉啄食，或者讓迎取新水時供奉的麻糬被孩子們刺去並換新的回來，這樣的做法並不是單純的消遣嬉戲。從其他類似的例子來看，可以推測這些行為在過去是帶有更深層意義的。日本人原本就會透過各種方式來確認神明是否真的接受了我們所供奉的食物。

像熱田神宮、嚴島神社那樣歷史悠久的大神社，至今仍舉行讓神

1 譯註：舊時行政區陸奧國與出羽國的合稱，位於現今的東北地方。

的靈鳥啄食供品、藉此確認神明降臨的祭典儀式。如果要細數各地村落類似的例子，恐怕十根手指都數不完。這種儀式各地擁有不同的名稱，例如稱為「鳥啄神事」、「啄食祭」等等，不論到哪個地方，總是人們口耳相傳的話題。

例如大隅[2]地區的百引村，有個名為「御先尊祭」的儀式，每年四月八日舉行。他們將麻糬包進稻草包中，掛在高高的樹枝上，這與東北地區在正月初四所舉行的「ヌサカケ」習俗極為相似。據說「御先尊」在當地是指三光鳥，如果當年這隻鳥沒有現身來吃麻糬就被視為凶兆，令人不安。這種信仰也能在東日本的茨城至福島沿海一帶看到，他們在初次登山的日子裡，也會「御先（オミサキ〔omisaki〕）、御先」地呼喚鳥兒來吃麻糬。

「御先」信仰分布極廣，形式也多有變化，有些地區甚至將帶來災禍的靈體也稱為「御先」，但這個詞的本義原來是指「先鋒的靈」，也就是神明所派遣的使者，代表神意降臨人間。

其中最常被視為「御先」的動物是烏鴉與狐狸。這兩種動物平時常被人厭惡或忌諱，但如果在這一天出現，反而被視作神聖之兆，受到特殊對待。人們還說，這些動物在這天似乎特別能感受到人們心中無邪無惡，竟能毫無畏懼地靠近人群，真是不可思議。

有些地方還保留著少年模仿烏鴉啼叫聲，在祭典之日前來領取神供的習俗。兵庫縣蘆屋的「烏塚」就是其中一例，早在百餘年前的《攝陽群談》中便已有記載。

據說，過去孩子們會模仿烏鴉的動作去索取正月的供品來吃；如今雖然形式有變，但仍會一邊喊著：

嘎嘎嘎

山神的祭殿棒

一邊繞行水車小屋，收集米糧，自己動手搓成糰子，然後帶去烏塚供奉。當然，最後大家也會一起分享這些糰子。

同在這座縣裡的姬路市有個村落，秋季氏神祭時，會用與祭神供品相同的米飯製成大量飯糰，分送給前來參詣的孩子，這項習俗至今

2 譯註：舊時行政區，約位於現今的鹿兒島縣東半部。

仍稱為「烏鴉的飯」。

愛知縣渥美半島的龜山村在舉辦鎮守祭時，俗稱為「嘎嘎祭」，也是由一群少年模仿烏鴉模樣，沿路向前來參拜的人們索取供品來吃的熱鬧活動。

不過，離這裡不遠的靜岡縣西部村落裡，也有一種類似的兒童習俗，名為「オコンコンサマ」(okonkonsama)，有些地區則稱為「オシャガミ」(oshagami)，無論哪一種，都是在霜月十五日舉行地神祭那天舉行的，孩子們會模仿狐狸的樣子，到人家門前索取祭品，像是紅豆飯或醃蘿蔔絲等，拿到之後便開心地吃起來。

「オシャガミ」這個名字，在越後地區有時是指山神的別名。因此，也有人認為，這是接受當天祭祀的神明之名；也可能是源自古語「オス」(osu)，意思是「升起」或「享用」，與神明接受供品的意象相連。不過，現在的孩子早已不知它原本的意思了，只是單純將「オシャガミ」聽成「蹲下」，於是一邊模仿蹲姿，一邊唱著：

蹲蹲蹲，分我一點啦！

蹲了又蹲，快分我一點啦！

用這樣的童言童語向大人索取祭品。

此外，這一帶在正月過年時還有一種叫「借鉈」的傳統活動，由此可見，這個地區的年節習俗中，孩子主動向大人索取東西的風氣似乎格外盛行。

三

讓孩童代替神明接受款待的習俗，在日本並不罕見。像是諏訪神社的祭典會有盛大的「大名行列」，這也是屬於同類型的傳統。也就是說，即使不模仿烏鴉或狐狸，孩子在眾人之中仍被視為最適合擔任這項神聖任務的角色。

過去，日本與中國、朝鮮一樣，也有在祭典上讓孩童坐於祭壇之上，代表神明接受供品的儀式。這些孩子稱為「尸童」，也就是「神靈的依附者」。這樣的風俗在日本流傳已久。不過，並不是非得由孩童擔任不可。

我曾在福島縣南會津的一間老神社見過這樣的情景：由雙親俱在、身心清淨的男女各自頂著供酒或膳食排隊進入神前，神殿中坐著一位身穿紅色祭袍的神職人員，一一接下這些供品。雖然我無法看清裡頭的細節，但至少可以確定他會打開容器的蓋子，做出進食的模樣。

現代人普遍認為神明只取食物的「精華」，即使食物看起來毫無減損，但其實食物中的營養早已被吸收殆盡了。但過去則是讓某個人實際代替神明進食，這或許也是「神主」一詞的由來。即使到了今天，只要仔細尋找，在一些小神社的祭典中仍能看見這樣的儀式痕跡。

例如在能登半島深處的農村，有一種名為「アエノコト」（aenokoto）的家祭，是為了感謝田神在冬天回到農戶家中，結束稻作一年大業後所舉行的歡迎儀式。據說「アエノコト」這個名稱，正是來自這種款待之意。在一些古老的本家中，至今仍保留著這項傳統。

祭典的第一步是準備熱騰騰的澡堂，主人身穿禮服，恭敬地「迎請田神入浴」。實際上，就是主人自己脫去禮服進入澡堂，象徵神明沐浴。

接著，他會恭敬地引領田神到客廳，奉上整套膳食，並逐一道出食物的名稱：「這是米飯，這是醃蘿蔔絲，這是湯品。」等等。據說這樣做是因為田神長年待在泥土中，雙眼已無法看清食物，因此需要用大聲報菜名的方式款待。但這樣的解釋應是後來才出現的。

類似的例子還有人們說惠比壽大人耳聾，或者說大黑天的耳朵不好，所以必須走近一些，用洪亮的聲音說：「大黑大人，請摘豆子吧！」這樣的傳說不只出現在一兩個地方。像惠比壽的故事從關西一路流傳到關東，大黑天的故事也遍布越後到整個東北一帶。尤其在每年十二月九日為大黑天迎新歲的儀式中，人們總是會這樣說。

這些習俗就和能登半島的「アエノコト」祭典一樣，祭祀的主人並不會立刻將供品吃掉，而是會一樣一樣地高聲唸出來。人們後來才逐漸理解為：因為神明的眼睛不好，或者耳朵不靈，所以才需要用這種方式來表達敬意與說明。

四

我們今日所稱的年中節慶與家庭神祭中，即使到了現在，仍保留著一個習俗——將家人當日即將享用的佳餚中，最初的一份獻給神明作為「初穗奉納」。與其說是將供品獻上，不如說是列坐於神前面前，與神明一起分享相同的食物，這才是祭祀的真正形式。

為了這一天，人們會使用特別的鍋碗瓢盆，準備與平日不同的食材與料理。正因如此，這也成了人們一年當中可以吃到特別佳餚的日子。「節供」這個詞，正如字面所示，源自於節日中所奉上的供品。只是後來，無論何時想吃粽子都可以自己做、想吃年糕也能隨時到店裡買到，這種「節日的珍饈」概念便漸漸變得模糊了。

即使如此，當我們忽然在餐桌上看到一碗紅豆糯米飯，心中還是會湧現一股「今天是什麼日子啊？」的疑問。由此可見，節日與飲食之間那份深厚的聯繫，其實還未完全斷絕。

但在今日，大多數公共祭典中獻給神明的供品，與人們實際享用的食物，常常被嚴格地分開對待。這樣的分離，無可否認，已經讓民間年中節慶裡的信仰意義變得更加淡薄。

然而，在如今這樣的過渡時期，如果有心去找，仍可以看到介於傳統與現代之間的種種中間形態。例如，就算是在規模宏大、地位崇高的官國幣社舉辦的大祭中，也常見到在御供屋或水屋中當場烹調食物，供奉給神明，彷彿神明立刻就會動筷子一般。而這些供品所剩之物，則由參與祭典的人一同分享。

同樣地，在一般家庭裡所舉行的年中祭典裡，也還保留著不少傳統習俗。每逢這些節日，家人必定先祭祀神明，敬獻節日的供品後，才全體落座共進美食。盂蘭盆節所舉行的「祭祀祖靈」也是屬於這一類型，但現在許多人認為這是佛教的儀式，因此我就不特別拿出來討論了。

至於正月，也就是過年，那更是不能不去思考的一個節日。如果只是說聲「新年快樂」，卻不點上神棚的燈火，也不奉上年糕供品，這樣的迎春方式實在讓人感到哪裡怪怪的。即使如此，如今全國至少有一半以上的地區，尤其是農村中歷史悠久的舊家，仍會在歲棚或是擺設松飾的地方，祭祀稱為「歲神」、「歲德神」或「正月神」的神明，將所有用於慶賀的飲食「初穗」首先獻給神明。

像是佐渡[3]海府地區那些深入海灣的小村落，這項正月祭神的活動稱為「神養」，而主祭者最重要的職責就是進行這場「神養」。雖然這個詞聽起來似乎有些不敬，但其實這只是因為「養」這個動詞的用途後來變得狹隘，人們習慣只用它來表示「養家活口」之意，而忽略了它原本也可以用來指「供奉神明」。

信州北部的某些地區，至今仍保留著這個詞的古老用法。當地人會在歲神與門神的松飾上，綁上一個個用稻草彎成碗狀的小食器，稱為「オヤス」(oyasu)、「ヤセツボ」(yasetsubo)，有的地區也叫做「ヤスノゴキ」(yasunogoki)，這些都是用來象徵供奉神明飲食的器物。

在其他地方，例如伊勢半島南端、伊豆諸島，或是東京近郊的農村，也可以看到這類風俗。儘管名稱上或叫「ツボケ」(tsuboke)，或叫「ゴキ」(goki)、「結皿」等等，但正月時由主祭人以潔淨的筷子每天把一點點食物放入這些容器中來祭神的形式，卻是處處如出一轍。

也就是說，使用象徵祭場的門松來供奉神明、進行正月的「神養」，它們的本意在各地都是一致的。雖然現在都市中對於門松的起源也有了新的詮釋，但在鄉間，門松仍被尊稱為「御松大人」，人們相信神明會在春節時從特定的方位降臨，因此會恭敬地前往迎接。至於詳細的內容，已收錄在我所編輯的《歲時習俗語彙》一書中，這裡便不再贅述。

五

另一個值得舉出的例子，是在初冬或歲末時舉行的「惠比須講」。即使是在商人之家，也視這一天為一年一度的重要節日，必定在客廳恭敬地祭祀神明。農家所舉辦的惠比須講，多數在舊曆十月二十日舉行。雖名為「講」，即宗教信仰活動，實際上卻是各家自己的慶賀日，源頭大概與能登半島的「アエノコト」相似，原本是祭祀農神的儀式。

在其他地區，例如北陸與東北，人們會將這尊神視為田神或農作物神，而在九州與四國的農村則稱之為「大黑樣」。中部地區多半會說是「惠比壽大黑」，關東一帶則常簡稱「惠比須樣」。至於這些稱呼從何時開始流傳也不難想像了。不論如何，這一天也有特定的祭祀與特製

3 譯註：舊時行政區，位於現今的佐渡島。

的供品，而且在家人享用之前，會將第一份佳餚連同神酒，先獻給神明。

值得注意的一項特徵，是這一天獻給神明的供膳稱為「惠比須膳」，並有個特別的慣例：膳所使用的木盤會特意將木紋縱向擺設。我出生的播州[4]中部一帶稱之為「ソウバ（souba）膳」。這種擺法在平時非常忌諱，常被長輩嚴厲糾正。但唯獨供奉惠比須神時才會刻意將木紋擺成縱向，這也是這個名稱的由來。

越後的刈羽郡一帶，據說除了惠比須神，其他神明乃至寺院的供品也會這麼做。但其他地區是否有相似的習俗，還有待進一步觀察。而「ソウバ膳」這個名稱是否有更深層的涵義，也讓人頗感好奇。我想，也許正因這是專為神明所設的做法，常人平日不敢仿效，久而久之，反倒將它視為不吉利。

不過，除了這個特點之外，惠比須講的供膳方式，基本上與人們的食器與食物完全相同，這也是這個祭典的一大特色。

民俗研究者中道等在記述遠州濱松一帶農村生活的報告中提到，當地在惠比須講這天，家人也會圍坐在相同的膳食前方，等待神明動筷子。因為所使用的麻糬與湯碗是木製器皿，所以大家靜靜側耳傾聽，隨著溫度變化，會聽見「咯噠」一聲，那便象徵惠比須神已經享用了。之後，家人便開始一起用餐。

雖然這樣的例子看來只是極為微弱的痕跡，但即使再微弱，如果它的確是某種傳統遺留下來的線索，那麼終有一天，我們會在其他地方也發現類似的事物，進而產生聯想。至少，拿我們在祭祀時吃的食物這件事來說，並不是先供奉給神明後再撤下來給人吃，而是與神明在同一時間、分享同樣的食物，例如，喝酒的話，是從同一甕中舀出來的；搗麻糬的話，是在同一個臼裡一次搗好的。我們分到自己那份後就會開始品嘗，與神明同時共享。

不過，如今神職人員所稱的「直會」卻有兩種形式。一種是在祭典進行期間，就在神前與神一同享用同樣的食物；另一種則是在儀式結束後，將供品全部撤下，移至社務所等處，之後再慢慢品嘗。不知從何時起，後者似乎變得越來越普遍。只是，這兩種用餐方式本質上應當是不同的，並非任選其一即可；如今這兩者混淆不清、各行其是，應該與現代的某些情況有關。

4 譯註：即播磨國。舊時行政區，約位於現今的兵庫縣西南部。

依我的看法，這或許與人們對「食物應為一個整體」的觀念逐漸淡薄有關。特別是像酒這類飲品，現在都是由釀酒公司在巨大酒桶中製成，再依容量分裝為五升、一斗等單位，自然就難以被看作是「同一甕酒」。而在過去，不論是粗糙的一夜酒也好，總是在一個固定的時間地點、用一個特定的桶或甕製成。初次汲出的部分首先供奉給神明，剩下的就從同一甕中一杓一杓舀出來，直到見底為止，也正因為如此才能說神與人是一起沉醉在同一甕酒之中。

至於供奉的麻糬，現今重視外形，多以大尺寸製作，因此不太強調是否使用同一個臼來搗製，也很難說是「共同製作」了。但過去供奉的麻糬叫「御粢」，沒辦法做到像鏡餅那樣大。即使是現在的搗麻糬，也經常有麻糬黏在杵上飛濺得到處都是，而為了撿拾那些掉落的碎塊，人們特地在臼底下鋪上乾淨的蓆子，有些還會故意搗得粗野些，讓麻糬碎塊多掉一些出來。

在那個米還要先泡水再搗成粉的時代，麻糬的尺寸更容易變小，因此，每年供奉神明的麻糬就需要有人監督與檢查。出雲的北濱村就稱這項工作為「餅吟味」。那些飛濺掉落的碎塊當然是奉仕者的報酬，應該不至於有人在神明之前先偷吃了它們；想必是先放到一旁，待祭祀開始時或結束後才吃，換句話說，絕對不能說掉出來的麻糬碎塊是「神明吃剩的」。

六

如果以飯食作為供奉神明的祭品，那麼「與神同饗」的概念就會更加清楚地呈現出來了。像紀州有名的「大飯神事」一樣，一次炊煮大量白飯的例子在各地都曾出現過。這些享負盛名的神社往往備有巨大的飯釜，一次可煮上五斗、六斗的米飯，但這些白飯並非全都用來供奉神明。

九州北部一帶，還有近畿地區的某些神社，有種供飯儀式稱作「御清盛」或「御經」、「京之飯」，就是屬於這個類型。做法是先用杓子蘸水，再盡量將白飯堆得高高的，且讓飯堆的頂端像柿子的種子那樣尖尖的，他們會非常小心，絕不讓那個尖端斷裂。有的地方甚至為供神的米飯綁上潔淨的稻草繩，像是為它「綁頭巾」；也有些地區將米飯捏成類似錘子形狀的三角飯糰，稱為「錘形飯」。

這樣的儀式，其實就是非常具體地標示出：「這一部分是要請神明享用的。」這種做法不僅見於祭祀，甚至在人生三大儀禮（誕生、結婚、死亡）使用而堆成小山狀的白飯也是同樣的邏輯，藉由特殊形式來明確表達「這是為重要對象而特別準備的供品」。

因此，準備供神的飯是十分重要的任務。某些地區稱這種飯為「男炊飯」，完全不允許婦女插手。又如西多摩郡的檜原村，更是要求負責炊飯的人反覆潔淨身心，如果途中與婦女擦身而過，就得回到河邊再次清洗身體，哪怕是在寒冬之中也不例外。即使如此嚴格準備的供飯，仍不會全數供奉給神明，因為從一開始就規定，這飯有一部分是要分給氏子共享的。

例如肥前的天川村，有一項稱為「御經盛」的儀式，而且重要到已經成為整個祭典的代名詞。這是舊曆十一月丑日舉行的收穫祭，除了為神準備「御清盛」之外，還會用同樣的紅豆飯做出許多「柿種形狀的小飯糰」，分送給前來參拜的人。這些人把飯帶回家後，除了家人一起吃，連家裡養的牛也會分到一點。

東京或京都等多數神社也有類似的習俗，稱為「御供」，通常會準備大量的乾式點心等供品，在祭典當日分送給參詣者。而這種習俗也不是「將供奉完的供品分送給人」，而是當場讓大家一起分享與供品同樣的美食。

除此之外，在一些祭典中，即使每間神社奉上的供品各有不同，但自古以來，這種差異反而成為祭典的一大特色，而這類型的祭典通常也都預設會以這種方式進行分配。

舉例來說，像魚類這樣的供品，通常是整尾奉上，乍看之下似乎也只能分切後再分發；不過實際上，有不少祭典是由工作人員直接在神前烹調，並將其中一部分獻給神明。像是丹波[5]篠山附近的澤田八幡宮舉行的「切鱧祭」，或美濃[6]西部某村莊的「鰻魚祭」等，都是這類做法的例子。甚至在東京的淺草，也有一間淨土真宗的寺院以古法烹調鯉魚料理而聞名。據說這種傳統的原型可以追溯到京都某些神社的古老祭典。

5 譯註：舊時行政區，約位於現今的京都府中部、兵庫縣東北部、大阪府北部。

6 譯註：舊時行政區，約位於現今的岐阜縣南部。

此外，在近畿地區也時常聽聞像是「狗母魚祭」、「棒鱈魚祭」、「魟魚祭」、「鯰魚祭」這類以特定魚類為主角的慶典；而蔬菜方面，也有長野諏訪矢崎御座石神社的「獨活祭」、甲州谷村附近羽根子村的「蒟蒻祭」、長門吉部八幡的「芋頭湯神事」等，在祭典當日必定會將這些食材供奉給神明，並同時由氏子家家戶戶一同食用。這些風俗不知從何時起便已在當地自然地成為習慣了。

然而，如今的情況卻有所改變。供品多半只是以原料形式呈上神前，儘管村人仍依照舊例在祭典之日吃那些食物，但神與人之間原有的聯繫早已斷裂，只剩下徒有其表的一項「奇異風俗」罷了。國家對祭式制度的統一固然令人欣喜，但也導致許多地方特有的神饌習俗逐漸遭到忽略。於是，那種透過食物進入口中，進而與神明產生聯繫、達成融合的樸質觀念——那種看不見卻存在的神祕連鎖——也漸漸難以引起現代人的共鳴了。

七

因此，凡是立志要深入理解日本祭典本質的人，至少應當知道，這些習俗曾經歷過重大的變遷。至於這些變化是否令人遺憾，是否應該恢復古老的形式，這樣的判斷並不屬於我們學術研究的範疇。但無可否認，如今將魚類與蔬菜等生鮮食材直接奉獻給神明的做法，的確顯示了「共食」觀念的式微。

「直會」方式隨著時間逐漸改變，各地相繼出現了不同的做法，這也是上述變遷的結果，現今已難再挽回。究竟是在什麼時代、出於什麼背景才會發展出如今的現況，未來仍需深入研究。不過可以確定的是，過去像這樣的例子非常稀少。

人們每年在家中舉行的節供儀式，如今已不再被視為一種「祭典」，因此儀式有所差異也不奇怪。不過，即使是在「頭屋」這種制度中，人們仍會將與平日自己食用無異的食物供奉給神明；或者應該說，是人們與神明共食相同的食物。因此，日語中對於進食的表達常用「受賜」

或「領受」這類敬語。

在神社內舉辦的祭典中，許多古老神社仍設有「御炊屋」、「御水屋」或稱為「御供舍」的建築，專門用來準備供品。其中的「水屋」功能類似於現代家庭中的廚房或流理台。如果神社沒有設置這類建物，則會指定特定家庭負責備膳，再將供品置於頭頂上，恭敬地運送至神前。

這些供膳用的器具中，有一種稱為「ユリ」（yuri）或「ユリワ」（yuriwa）的大型橢圓形托盤，在農忙時期，也常用來將飯食送至田間給勞作的人享用。祭典的供膳時間，通常正好是早晨與傍晚，也就是人們平時吃飯的時間。因此，這些食物必須是已經可以直接吃的，如果必須再經過一道處理程序才能吃，那就不合適了。

這麼說或許有點不太恰當，但就拿我們自己的家庭來舉例吧，如果在用餐時間收到人家送來的生魚或生蔬菜，也只是徒增困擾；至少，對方原本的一番好意會因此大打折扣。這樣簡單的道理竟然沒受到重視，對我們來說，反而令人感到不可思議。

當然，有人可能會提出反例：像是諏訪的祭典中，曾奉上七十五顆鹿頭，或奈良春日若宮的祭典中，奉上數十隻野豬、鹿、兔、狸等

7 有可能是指史基特（Walter W. Skeat，一八六六～

動物的紀錄仍可見於文獻中。但這些獻祭本就是為了取悅神明的眼目，並非當天御膳的正式部分。有些「祭品」甚至仍活著，稱為「生贄」，會依照神意來決定使用時機與方式，還有些知名的祭典將生贄放生。

此外，還有一項值得討論的問題，那就是「洗米」，即洗乾淨但還沒煮熟的米。在五穀中，唯獨稻米自古以來就有以生米奉獻給神明的習俗。這種米稱為「花米」或「ハナエリ」（hanaeri），相關詞彙在全國各地都有使用。此外，「オサング」（osangu）這個名稱也廣為人知，有時寫作「御散供」，或稱為「オサゴ」（osago），推測可能原本這種供品的供奉方式就跟其他的不一樣。另有一種高雅的稱呼方式是「打撒」，至今仍有部分人沿用。

這類洗米也會稱為「御捻」，通常是用白紙包起來直接奉上。這種方式可說是最簡略的祭祀形式之一。當無法明確知曉神明所在之處，人們會將這種米撒出去，藉此表示心意。類似的形式也可見於上梁儀式的「撒餅」，以及節分夜的「撒豆」。這些可能是出於人們相信穀物具備特別的力量。事實上，根據史基特、布拉格登[7]與宇野圓空[8]教授的

一九五三）與布拉格登（Charles Otto Blagden，一八六四～一九四九），於一九〇六年的共同著作《Pagan Races of the Malay Peninsula》。

8 宇野圓空（一八八五～一九四九），宗教學與宗教民族學者，曾任東京帝國大學教授，對宗教民族學的建立貢獻良多。著有《馬來西亞的稻米儀禮》、《宗教民族學》、《宗教學》等。

研究記載，在種植水稻的馬來人中，這類習俗也非常普遍。

無論如何，米不僅是釀酒、做飯、搗麻糬的材料，生米本身也曾是一種獨立的食物，這點在其他四種穀物中是看不到的。從「米嚼」這個與咀嚼有關的肌肉日文名稱也能窺知，人們在不很久遠之前仍經常直接咀嚼生米。甚至我自己都曾見過倉庫入口貼有「禁止啃咬生米」的告示。

後來，人們將生米稍作處理，例如將米蒸熟後壓平晾乾成「編米」，或是烤成「烤米」、炒成「炒米」，或是炒過後加上糖飴壓製成「米菓」等，使它更容易吃。但在過去，生米本身也常直接食用，因此作為供品之一毫不令人訝異。

在麻糬不像今天這樣以蒸熟的米來搗製之前，也是屬於生米的一種食用方式。古時所謂的「餅」，即麻糬，指的其實是「生粢」，也就是將白米泡水讓它軟化，再用小型臼杵搗碎成粉，無論是煮食、烘烤或直接吃都可以。「粢」是一個極為古老的詞彙，可能原意是指濕潤的食物，現在也稱為「御穀粉」，在中部以西的地區，則多稱為「白餅」或「白粉餅」。

如今特別供奉生粢的祭典已不多見，有些只限於上梁祭（因為與建築有關，忌用火），或只在秋冬交際的山神祭上固定供奉。即使如此，如今仍可見到孩子們在儀式後回頭將這些供品吃掉，但大人早已不願吃生米。也就是說，人類的飲食習慣早已改變，但對神明的供奉，在某些稀有情況下仍保留著古老時代的樣貌。

八

神明所享用的供品與人類日常飲食漸漸分離，它的開端或許也可以從這些細節中看出一些端倪。在中世的紀錄裡，曾經作為食物的熨斗鮑、昆布、榧子、搗碎的栗子等，如今已很少有人直接吃了。隨著時代演變，人類的口味也變得多樣化，醬油、砂糖、胡椒，以及其他各式各樣的調味料層出不窮，然而神明的供品卻依然停留在古老的習俗中，這樣的落差實在令人有些過意不去。

更令人遺憾的是，自遠古以來，那種「神與人一同品嘗食物、共享喜悅」的祭祀本意逐漸被人遺忘了。這種情況的產生，正是因為祭典逐步吸收新的文化元素，而人們的關注也不再集中於供饌本身。加上現今多數祭祀活動的執行，往往交由特定家族或個人專責，反而讓一般人與祭典的聯繫變得更加薄弱，久而久之，也很少有人再去細細體會其中的精神了。

「祭典的奉仕者制度轉向職業化」這件事，對日本神道而言，是一項無比重大的轉變。而這種變化的淵源其實相當久遠。不過幸運的是，至今仍可見到這個轉變過程中的各個階段，因此只要有心，是可以好好了解的。即使不將那些無名山野間的小神社納入比較，只觀察全國數以千計的官社與知名神社，也足以窺見從甲到乙丙丁戊的演進順序。

只是，過去人們普遍認為缺乏研究這種變遷的途徑，也少有人投入這方面的探索。而如今，方法已然浮現，並且有越來越多年輕人懷著敬意去思索古代的世界。我們相信，終有一日，這場轉變背後的原理與邏輯就能清楚地揭示出來。

在這樣的研究中，有一個值得設為目標的視角，那就是：神供的準備方式、管理與分配是由誰負責的？這一點將有助於理解整體的變化過程。當一場祭典設有供人觀賞的活動，並吸引遠道而來的參詣者，又伴隨著神明顯現或神輿巡行等華麗盛大的儀式時，從它們在當地廣受好評的程度便可看出，數量其實是非常有限的。而這樣廣受好評的神社，除了每年一次的大祭之外，一年之中還會有數十次的定期祭典，而且大多是在靜默中進行，鮮少邀請外人參與。

即使是這樣靜靜舉行的祭典，向神明奉上供品這個儀式也從沒被省略過。至於如何準備、如何處理供品，通常是依據當地的經濟條件、長久以來的慣例，以及仍願意維持傳統的人數來決定。尤其是在人口流動較少的地區，更容易保留古老的祭典形式與觀念。

因此，只要環視全國，就能見到各種不同階段的變遷樣貌。即使至今仍然沒有人寫出一部完整正確的《神道史》，但這些存在於當下的現象本身，正是一部尚未被人翻閱的「活歷史」。

現在的神社制度，大致是以中央大型神社的運作模式作為標準，試圖統一各地千差萬別的做法。然而，實際運作中仍經常不得不對地方長年以來的習慣做出讓步與妥協。

舉例來說，在幅員遼闊、三里五里範圍內只有一名神職人員的地區，他常常必須兼任數間神社的管理職務。對於習慣近畿地方那種「只要有神社，旁邊就必定住著神職人員」的人來說，這樣的情況可能顯得有些單薄，甚至讓人覺得神社制度式微了。但是，其實這類村落往往是由村民共同祭祀神明，或者由當地歷史悠久的家族主人自然地擔任祭典的主事者，因此也就沒有額外設置專門神職的空間或必要。從這個角度來看，這反而是保留了一種更早時代的祭典傳統。

而延續「頭屋」或「一年神主」這類習俗的地區，村民大多曾親自擔任過一次祭典的重責大任，因而在實務與禮儀方面，反而比年輕的神職人員更為熟練。對於外地來的新任神職而言，要獲得當地的認同並不容易，往往只能低姿態地擔任助手角色；除非那個人才學出眾，具備壓倒性的見識與能力，能夠調和指導整個氏子組織，否則難以在當地立足。

正因如此，時至今日，仍可見到像九州所稱的「ホッドン」（ho-don）那般，低調且慎重地往來於各地神社之間的神職人員，默默延續著這樣的傳統。

九

從各地古老的習俗來看，「祝」與「大夫」這些職稱，實際上並沒有固定的職責或內容。舉例來說，在伊豆的七座島嶼中，「祝」原本是一種極具分量的職位，通常是由地方的名主兼任；此外，八丈島後來將這項職責轉交給另一戶人家承擔，但依然以世襲的方式延續。

鹿兒島縣的七座島嶼中，也有稱作「地祝」與「本祝」的職稱，看來是依據家族的血統與年資，自然而然地由特定人選擔任，地位相當崇高。也可以推測，這些人或許就是擁有祭祀氏神權力的人，因此被賦予這樣的稱呼。

從古史中的「天野祝」、「小竹祝」等職稱來看，這些「〇〇祝」也是以地名為名，顯示這種職位與其說是一種職業，倒不如說是一種地位的象徵。

然而到了九州南部，現今所稱的「ホイ」（hoi）或「ホッドン」，已經變成一種不太重要的職務，只有在祭典中被臨時雇用來完成一小部

分儀式而已。這些人是否擁有屬於自己村子的神社，我們也不得而知。

至於遠江地區天龍川上游一帶稱為「ホウジ」(houji)，以及周防大島所稱的「ホウジン」(houjin)，雖然名稱看來似乎與「祝」的發音「ホウリ」(houri)相關，但他們的地位似乎更加低微了。

「大夫」這個名稱其實也和「祝」一樣，隨著時代與地域而發展出多種樣貌與身分意義。舉例來說，有些稱為「大夫樣」的家族，代代奉仕於同一間神社，甚至流傳著他們擁有神明血統的說法；但另一方面，像九州一帶的「ホッドン」這種人，也被稱為大夫，他們只是每年受雇一兩次，參與某場祭典的部分儀式，屬於短期的臨時性角色。

這個「大夫」(タユウ(tayuu))很可能與上古時代存在的「祝」(ホウリ(houri))是同源詞，也就是基本上可以確認語詞上的傳承。即使如此，那個傳說中存在的「祝」，他們實際上究竟負責什麼樣的職務、在祭祀中扮演什麼樣的角色，至今也沒有明確的答案。現在的研究多半只是從語源的角度進行推測而已。畢竟，古代本來就可能因時代與地區不同而有相當大的差異。

不過，「大夫」這個詞是從漢字引進而來，這一點倒是很確定。因此，最初使用它的人心中所想的意涵也就容易理解了，大致是指有資格親近極尊貴人士的人，是所有「夫」中地位較高的人。在古籍中，甚至有將「大夫」訓讀為「モウチギミ」（mouchigimi）的記載，以現代的用語來看，屬於「侍者」之類的角色。隨著時代演變，這個職稱分化出許多種形式，例如中國地方的「託大夫」、土佐的「佾大夫」、關東各地的「舞大夫」等家系，都是從它衍生出來的類型。

有些地方認為神主與大夫是截然不同的：神主是專屬於某間神社的神職人員，而大夫則是在鄰近村落間巡迴，只負責神樂表演的一種較低階層的人物。甚至有些被稱為「大夫筋」的家族，會拒絕與一般平民通婚，以維持血統的特殊性。這些後來新增的類型也延伸到了其他領域，像淨瑠璃的講談師、人形劇的操偶師，甚至是遊女，也都被冠以「大夫」之名，由此可見，這些可能是中世以後詞義擴張所造成的，並不是原本職位的延續與變化。

然而，一旦應用範圍廣泛到某種程度，反過來也會使得某些人避免使用這個名稱。在江戶時代，「大夫」也成為某些藩內家老的稱呼。

但那時與朝廷某些官名連結時，會特意將它發音為「ダイブ」（daibu），以便和民間的「タユウ」（tayuu）做出區別。如果兩者之間的差異夠大，也許可以共存；但兩者同樣參與神祭時，一方地位較低的話，另一方就不會使用相同的稱號。這就是為什麼同樣是「大夫」，在不同地區會有截然不同內涵的原因。

如今，比起「祝」，人們更常使用「大夫」這個稱呼。從北方的奧州[9]會津以北，中部的信州一帶，到南方的中國地方與更遠的地區，都能聽見這個名字。但如果將不同地區的使用方式拿來比較，可能會引發一些不愉快，這是因為一如前面提過的，在某些地方，「大夫」仍被視為是以低廉報酬臨時雇來擔任祭典助手的角色。

對於這種全國各地差異相當大的情況，我的解釋是：這應該是神職人員尚未完全職業化的過渡階段。人們認為祭典中的某些職務非得由特定人士擔任不可，於是將這份工作視為家族的特權而世襲下來。但進一步來說，這些家庭也逐漸與其他生計工作脫節，專職於神事，朝著專業化的方向發展。

相較之下，「祝」比「大夫」更早完成這種職業化的轉變，即使如此，也仍留有一些例外。舉例來說，在京都府東北角的加佐郡野原，過去曾有三十多戶家族擁有「祝」的資格，這些家庭以輪班的方式擔任氏神的神職。這種制度與其他地區所稱的「頭屋制」是一樣的。不過，後來經由村民協議，最終改為由其中一戶永久擔任，至今那戶人家便是村裡唯一的「祝」。

而在離那裡不遠的若狹[10]常神村，情況卻截然不同。至今仍有四十二戶家族擁有「祝」的資格，他們每半年輪流一次，在正月與七月進行交替，負責神事。這種制度產生的原因，可能與各個村莊對於信仰的強弱程度有關，以及對於「物忌」與「精進」等修持儀式的嚴格程度也有明顯的差異。此外，能否承受由此帶來的經濟負擔，也成為能否繼續承擔這項職務的關鍵因素。

成為「頭屋」當然是一項莫大的榮耀，也是舊家族的一種特權，但隨之而來的責任也非常重大。因此，現今的情況是，有些人會請求免除這項職務，有些人則爭相擔任，這一切都依照各地村落的實際情況而有著不同的變化。

9 譯註：即陸奧國，舊時行政區，位於現今的福島縣、宮城縣、岩手縣、青森縣及秋田縣東北部。

10 譯註：舊時行政區，約位於現今的福井縣南部。

當年「大夫」這個稱號，就如同某些職責一樣，曾經是整個村落，或者至少是多數村裡地位較高的農戶所共同承擔的任務。即使時過境遷，這樣的痕跡至今仍可在許多地方見到。比如有些村莊，唯有擔任過祭典主事的農家主人，才被允許稱呼自己為某某大夫；也有些地方如同「右衛門」、「左衛門」這類名字一樣，誰想用就用，毫無規範；還有像我老家那樣，只有一兩戶特定人家代代以某某大夫為通稱的例子。由此可見，這種風俗的起源原本可能就各有不同。

最初，「大夫」大概是一個通稱，用來指那些與祭神儀式有關的人；他們負責神饌的供奉等神事中最為核心、最接近神祇的部分。後來，「大夫」演變為某些家的家主所使用的稱呼，進而發展為誰都可以自稱的通稱，這個過程，大致與「兵衛」、「衛門」等稱號的擴大使用相類似。

如果這樣的推測沒錯，那麼「大夫」本來也就如同若狹與丹後[11]沿岸地區的「祝」一樣，最初並不是一種職業稱謂。正如「關取」一開始只是每年相撲優勝者的名稱，後來卻變成所有從事相撲這一行業者的尊稱。隨著這些人開始以這項職業維生，這個稱呼才變成他們的專利，其他人便不再使用相同的稱號了。

十

像是「神主」或「巫女」這些稱呼，其實也歷經了類似的變化——適用的範圍隨著時代推移或地區差異而有所變動，甚至產生內容上的差異。即使如此，「神主」這個名稱至今在許多地方仍不會隨便使用，且不少地區並不把它與現代所謂的「神職」視為相同的存在。會混淆這兩者的，頂多是東京及其周邊地區而已；在其他多數地方，兩者之間的區別仍相當明確，因此當地人聽到東京標準語的用法，往往感到困惑與誤解。

尤其是在那些仍保有「頭屋」制度的神社裡，神職雖可能是儀式的主導者或監督者，卻不被視為「神主」。人們普遍認為，神主是由當地正式農戶擔任的一種職務。當然，也有一些例外情況，像是同時擁有神職與神主身分的家族，不過那主要是近世以來逐漸出現的現象，而且越來越罕見了。

總的來說，現代所稱的「神職」，它的淵源從一開始，或至少是從

11 譯註：舊時行政區，約位於現今的京都府北部。

中世以後，就已經分化為數種不同的類型。再加上後來引進的任命制度，使得與地方社會、經濟生活密切相關的這個角色變得更加複雜了。

因此，為了盡可能釐清這個問題，我打算將神職大致分為兩類：一類是從當地居民，也就是神明的氏子中產生的神職；另一類則是中世以後從外地引入的神職。而這兩者之間，在新舊制度上也呈現出相當明顯的差異。

在第一類出身於當地、世代奉仕於神社的神職之中，有些家族是無可爭議的宗家。他們將自家的存在與神社的淵源視為一體不可分，甚至相信自己是神明血脈的直系後裔。將這類神職稱作「神主」是完全說得通的。

如果遇上領主等外部勢力對該神社極為崇敬，並提供豐厚的土地與財產作為寄進，那麼這些神職也能從中受益，得以專職於祭祀服務。但實際上，能享此待遇的神社並不多。大多數情況下，這些神職為了能夠侍奉神明，還得另外從事農耕、林業等生產活動。因此，對他們而言，祭典是一項最崇高的「消費型事業」，為了負擔祭典經費，他們必須親身投入農民的日常生活。

如果是在戰國動盪之世，他們還必須奮戰以守護家門的安危。即使不是戰亂時期，也難以完全斷絕與世俗社會的聯繫。因此，他們與依賴施捨度日、可專心研習教理的僧侶不同，無法致力於教義的發展，只能專注於維持傳統、盡忠職守。但是這樣的堅守，有時無法順應新時代的文化變遷而不得不做出某些妥協，甚至因此承受不利的後果。

為了擺脫這樣的困境，維持職責的純粹性並確保獨立的生活基礎，自然而然出現了嘗試分離祭祀職責與家計經營的實驗。例如八丈島的「祝」就是從地方名主家中分立出來，指定兄弟或家族中適任的人另外成立神主家，這樣的例子在許多地方都曾經發生。不過，即使如此，這類分家的神主在初期仍難以將祭祀作為主業，多少仍得依賴農耕或自家土地的生產來維持生計。

另一方面，隨著氏族繁衍增多，或多個族群合而為一，共同信仰某間神社神明的情況越來越多，也就很難再把祭祀的特權交託給單單一戶人家。人們漸漸都懷有「我也想侍奉神明」的心願，於是開始以輪流的方式擔任神主職務，最終就出現了如今所見的「輪值神主」或稱「頭屋」的制度。

然而，一旦制度變得如此複雜，即使人們的信仰多麼虔誠，由於缺乏經驗與訓練，往往難以勝任這樣的職責，甚至會出現不適任的人選。於是，每當外部條件有所變化，就更加需要引進第二種、來自外部的專業神職。像明治初年那場制度改革，也正是這種需求在某些地區特別明顯的具體表現之一。

十一

第二類來自外地的神職，其實也不是什麼近代才有的新現象。這些神職中，有一部分原本是侍奉鄰近村落神社的「大夫」或「祝」，因為能力出眾或具備特殊素養而受邀前來協助祭典儀式。久而久之，他們變得不可或缺，於是有的便在當地另立家門，或是乾脆移居，成為專屬於當地神社的神職。這類情況確實存在。

除此之外，也有相當多的人是從極其遙遠的地方，專為這類祭祀職務而旅行至此，並選擇在合適的地點落地生根。我推測，這與大和朝廷末期急速興盛的神明遷徙風氣有關——東邊有鹿島的御子神，九州方面則有八幡神、設樂神等，都是藉由神諭而陸續遷座，這或許反映出一種共通的時代潮流。不過，這點尚無明確的證據可供佐證。

總而言之，這一類神職並非土生土長，而是從遠方遷來，專心侍奉當地原有的神社。由於已經有其他文獻對這件事做了詳細的說明，這裡我只是要點出這個論點並非我個人的臆測。

有力的證據之一，是許多府縣中具規模與影響力的神社，他們的神職家族常共用相同的家名，而且多半擁有相似的祭典儀式、獨特的舞蹈與敘事傳統。特別是在說明神明與自家淵源時，與當地的舊氏人不同——那些舊氏人理所當然自稱是「神的後裔」，而這些外來的神職家族則常自喻為「神的外戚親屬」。更常見的，是他們援引所謂的「三輪型神話」，即「純潔美麗的少女蒙受神靈感應，誕下神子」的故事。有些則自稱為神明的近臣家系，或宣稱自己是遠道奉迎大神而來的，種種敘述無不帶有鮮明而獨特的印象。

這些傳說的普及，使得「氏神即氏子之祖先」的原初觀念漸漸被邊緣化了。我認為，原因很可能是出在前面提到的第二種神職來源的故事在全國各地流傳開來所致。即使是那些從一開始就在當地奉祀神明的「土生土長」的家族，也難保不會在某些機緣下開始相信那種來自外地的說法。尤其是神社早已莊嚴地矗立於當地後才遷移過來的新居民，就更容易相信那些特別的緣由了。

這麼一來，全國各地大小神社的「緣起」與「祭神來歷」就變得更加複雜。雖然這件事有些令人困擾，但要不是因為有了這些多樣的變遷與差異，各地神社的歷史就會如同村落開基史一般單調無奇，難以留下深刻的印象。也正因為如此，我們今天要進行比較與回溯時，還能藉此逐步接近那些久遠時代的真實面貌。

從近世留下的紀錄來看，那些從外地過來、來歷可考的外來神職家族，例如鈴木、榎本、小野、橫山、長谷川、五十嵐等，他們多半也與在地古老神明一同興起的舊族長之家相似，過著看起來沒太大差別的鄉紳生活。如果沒有獲得官府的保護，光憑神職祭祀的身分並不足以支撐整個家業，因此他們起初也必須依賴農耕為生，否則難以在當地安身立命。

但是，隨著世代交替，這些家族的聲望與門第自然水漲船高，到了後來，對於「神社歷史比我家更久遠」這件事，便已不再需要特別強調，甚至沒必要承認。儘管如此，至今仍有不少人將自家出身中央權貴的說法，當作一項引以為傲的傳承。

更難得的是，這些家系既無政權後盾，也無軍事勢力作靠山，卻能在全國府縣開枝散葉並繁榮興盛，堪稱異數。過去沒有人深入探究其中的原因，實際上也有不少後人早已脫離祭祀本行，從事其他職業。但如果要問他們為何能夠如此興盛，答案或許只有一個：那就是「移居」讓這些家族的人數逐漸增多，而堅實的信仰使他們得以踏上移居之路。除此之外，似乎難以想出更合理的解釋了。

直到今日，日本依然是個很需要這類人手的國家，從「流動的巫女」與受雇的神職人員數量之多，即可略見一斑。至於這些人從何而來，是否有固定的來源，又是另一個值得探討的問題了。但不論如何，至今仍有不少人以相同的宗教使命在全國各地漂泊移動。他們尚未落地生根，因此往往受到早已定居當地者的差別對待，久而久之，雙方的社會地位也就更加分化。

不過，如果我們能夠察覺到，過去他們並沒有這樣大的隔閡，或許就能掌握解讀歷史沿革的一項關鍵了。

十二

如果要思考現今所謂各派神道在過去五、六百年間的興盛，不必然只能歸功於少數傑出人物的倡導；另一個重要的因素是，要是民間本身沒有這樣的需求來迎接這些發展，就無法形成今日的局面。

當村民在族長與年長者的帶領下，長年持續進行著自家的祭神活動，如果有人說：「從今以後，就讓我來協助吧。這個角色，就交給我們好嗎？」那麼這個人勢必要有村人所不具備的某些技能與知識，或是能夠進行一般人難以理解的神意解說，也就是說，得擁有一些足以自立的本領才行。

事實上，自中世以來，確實出現了一種如果不將祭祀作為專業工作，就無法掌握也難以發展的學問。這當然有一部分原因是來自人類

12 吉田氏為卜部氏的一支，為唯一神道的宗家，代代掌管京都吉田神社。白川家亦稱伯家，自平安時代末期以來擔任神祇伯。兩者曾長期爭奪所屬神社的管理權。

13 吉川惟足(一六一六～一六九四)，江戶時代的神道家，創立

智能的進步與經驗的積累，使人們開始出現新的懷疑與探究，但另一個重要的原因，或許可以從天台宗與真言宗等習合教義開始，一直到白川與吉田[12]等流派的神道理論，乃至後來如吉川惟足[13]、吉見幸和[14]等神道學者所設下的繁複傳承規範與口傳奧義的門檻來理解。

設置這些制度的用意，很可能是想拉開「素人神主」與「專業神職」之間的距離。換句話說，如果民間普遍沒有這樣的期待與需求，這種獨立且精密的神道研究也不可能興盛並普及開來。

這點可從一些明顯的現象中看出。例如原本只是簡單長短不一的咒語，卻被加上詳盡到幾乎過了頭的註解；又例如近年來像杉山壽榮男所收集的大量御幣的剪法、紙張的摺法、繩結的各種變化，每一種形式竟然都附有一套理由與法則。對一般人來說，這樣的知識難以學習掌握，結果便只能仰賴受過特殊訓練的人來處理這部分工作。

這樣的局面並不是自古以來就有的常態，而是後來逐步發展形成的。從今日仍有許多人將這些知識視為高不可攀、不敢企及的專業，也能推測出這番變化的歷程。

吉川神道。由萩原兼從傳授吉田神道的祕傳，受到保科正之等有力大名的信任，並獲任命為幕府的神道方。著有《神道大意講談》等。

14 吉見幸和（一六七三～一七六一），江戶時代的神道家，為名古屋東照宮祠官。原屬垂加神道，後辭職潛心研究，對諸派神道進行史料基礎的批判，包括垂加神道在內。著有《五部書說辨》等。

不過，就算不是故意要將儀式複雜化而導致一般人望之卻步，對我們而言，神祭的職責本身確實漸漸變得過於沉重了。古代農民習以為常的祭前齋戒，以及以祭典為中心的各種禁忌與拘束，到了今日的經濟社會反倒成了種種障礙。

舉個明顯的例子來說，某人正處於居喪期間，如果要澈底遵守相關規範，那麼不僅不能親近神明，甚至也無法參與一般的生產活動、融入村落生活。從前似乎還有某種制度，居喪齋戒期間可由外人負責供養生活所需，但這樣的習俗早已消失不見，如今，依據個人經濟能力與職業狀況的不同，很多人即使居喪期間也不得不自己維持生計。

今天在都市裡，雖然看得到喪家於門口懸掛「忌中」竹簾，提醒他人遠離穢氣的習俗，但更多的是出於商業需求，很快就會摘下那個牌子，只在內部維持服喪狀態而已。此外，現代的社交關係越來越緊密，一戶人家發生喪事，周圍眾多鄰人也會被視為不宜參與神祭的人。

在那些對「一年神主」採取嚴格禁忌的地方，雖然屋主夫妻會特別謹慎，盡量遠離這類被視為不潔的事物，但除了他們之外，還有各式各樣細微的禁忌與拘束，往往一不注意就會違犯。光是從一件小事，例如肥料的處理方式，就能明白這些禁忌規範曾經多麼繁瑣且深入人們的生活。

而另一方面，忌期的時間通常相當漫長，不徹底遵守的話，不僅可能讓祭典無效，還要擔心招致不良的後果。這種不安，長期以來一直在平民心中揮之不去。

為了在「現實生活的需求」與「神祭的禁忌」之間取得平衡，「頭屋輪流制」應運而生並大幅發展。隨之而來的，還有代人祈願、代人參拜、代人潔齋的習俗，也就是讓某個人代表眾人嚴守齋戒，或由一人代為主持祭典，其他人也就視同已經盡職奉仕了。

這樣的觀念漸漸普及開來後，代願、代參這類角色很容易就演變為一種職業。江戶時代有所謂的「願人」或「匆匆僧人」，雖說是最末端、最低俗的例子，但要是我們的信仰行為不容許由他人代行，這類工作也就不可能成立。更何況，許多從事這行的人或專家都具備學識且歷經修行，人們甚至相信，他們的參與比自己親力親為還來得有效。

有些人認為，戰國時代交通阻隔，加上信仰上興起了對熊野、富士、白山等遠方神明的崇拜風潮，因而促成了代參習俗的誕生。這固然是一個原因，但同時也有另一個層面，由於要親自參與神祭所需具備的條件越來越不易滿足，因此才會需要一位中介者來代表信眾與神明進行溝通。

這項變遷現象已經遍及全國，甚至擴及那些由本地人奉祀、不曾有外人參與的神社。只要擔任祭祀的人選發生變化，儀式的形式自然也就隨之改變。給神明的供品，最初是在祭典現場可當場一起品嘗的美食，隨著時代演變，逐漸改成適合儲存與運送的形式。也因此，如何妥善管理與處理這些供品，成為一個值得關注的課題。

這樣的轉變，早在出雲美保關等地、一年由一名神主輪流擔任頭屋的那個時代，就已經出現了。如果把它看作是仿效佛寺僧院的做法，那恐怕是種誤解。儘管難說完全沒受到佛教的影響，但可以確定的是，神社本身也產生了新的社會條件，讓一般人難以持續全面擔任神祭職責了。

至於這樣的現象是否應當繼續維持下去，或者該重新加以考量，如前所述，已超出日本民俗學的討論範疇。對我們而言，重要的是知道——古代並不是今天的這般樣貌。如果可能，也請各位用心思考：為何會產生這樣的轉變？又該如何以更簡明易懂的方式，將這段歷史演變清楚地傳達給我們的同胞知道？

7 參詣與參拜

一

至今為止，神社制度的研究者往往忽略了一個問題，那就是——賽錢箱究竟是在什麼時候、又是基於什麼樣的需要才開始設置的。這個話題看似庸俗，甚至讓人覺得有些失禮，但如果不釐清這一點，便無法真正理解日本祭祀文化中最重要的一項轉變。而且，正因為試著想像那個「賽錢箱尚未出現的時代」，我們才會驚訝地發現：在全國各地、無論規模大小的神社之間，其實曾經存在著出乎意料的共通性。也正是出於這樣的發現所帶來的喜悅，我們才更應該按耐住對這個「庸俗問題」的偏見，重新審視它的意義。

沒有人會認為賽錢箱從一開始就是日本神社原本具備的設施。只是對於它究竟是在什麼時期、基於什麼原因才開始設置的這個問題，大家不是心存疑問，就是完全不了解。其中一個原因，或許是因為記錄這類變遷的文獻本來就極為稀少；但即使毫無相關紀錄，也不代表完全無法查證這些變化的軌跡。

我們的研究方法是從「現在的情況」出發。當發現某項事物存在兩種不同的樣態，我們便要思考：哪一種比較古老？又是什麼原因而演變為後來的形式？當然，有可能兩者都是後來的新樣式，但只要它們不是同時出現，就依然能從中理出一個大致的變化順序。每個人從自己最熟悉的地方開始，一點一滴觀察比較，自然就是最適合的方式。

以我自己的故鄉為例，氏神神社的拜殿正面深處，設有一只相當大的賽錢箱；此外，在國道旁興建的惠比須神社，也在搖鈴繩的正下方設置了這樣的箱子。而村民經常參拜的其他幾間神社卻沒有設置賽錢箱，這恐怕是因為那些神社鮮少吸引村外的參詣者所致。當然，這只是我個人的推測，畢竟參詣人數原本就不是穩定不變的；但到了近世，對宮殿建築很有經驗的職人們，幾乎已經把「新建神社時要設置賽錢箱」當作理所當然的一環了。

近年來的情況或許又有所變化，但回想我們過去走訪各地所見的情景——就像我自己出生地的神社一樣，雖然名為賽錢箱，裡面多半只有些供奉的米粒四散其間，引來麻雀小鳥啄食；偶爾底部閃著一兩枚硬幣，孩子們便會湊過去偷看，興奮地討論——像這樣的神社，在各地都屢見不鮮。

然而，我們不能單憑這樣的景象來判斷人們的信仰是否虔誠。可以說，對神明的敬拜方式，隨著時間推移，逐漸分化成了兩種不同的流派與形式。

至今仍有不少神社沒有設置這個賽錢箱。不只是個人住宅內的屋敷神、家神，或是每年才在特定日子搭起旗幟與臨時祭壇的那種不具社格的小神祇；即使是一整個村莊奉為鎮守、舉行盛大祭典的神社，也會因它的建築形式而無處可放置賽錢箱，亦可能打從一開始就不覺得有設置的必要。尤其在關東以北的鄉村地區，這類例子時有所見。

另一方面，在京阪地區一些歷史悠久、名聲顯赫的大社當中，也有些是如今完全不見賽錢箱的神社。這些地方也許過去曾經設置過，但如今都撤掉了。那樣的神社，拜殿正前方鋪著一張白布，上面散落著無數銀幣與銅錢，甚至還夾雜了用紙包著或沒包著的「打撒錢幣」如雪花或冰雹般灑落一地，給人一種難以言喻、五味雜陳的印象。

也就是說，與我們村莊的神社恰好相反，在這些地方，即使有著如此明顯的需求，卻彷彿完全忽略了賽錢的存在。如果這個世界上真有「不可解」的事，那麼這現象也堪稱其一。我認為，這正是一段值得我們重新站在「身為參拜者」的立場上去好好思索的歷史。

二

沒有人會否認「賽錢」這個詞彙是外來的新語。因此，如果投錢的習俗與這個詞語並非同時期出現的，那麼我們就不得不思考在這之前，人們到底是怎麼稱呼這個行為的？

最先浮現在我腦海中的，是「幣」（ヌサ（nusa））這個詞，或許它正是賽錢的前身，這點至少值得我們深入探討。從手向山上菅原道真的詩歌來看，「幣」是旅人臨時祭祀時所獻上的供品，也是一種可與紅葉錦織相比的華麗布帛。有人認為，「幣」原本的意義是將這種布條剪成細碎後撒落四處。這種說法或許有些過於極端，但至少我們可以確定，

「幣」常與「幣帛」並稱，而且用的多半是絲綢或精緻的麻布。

但是，「幣」之所以成為主要供品，只是因為在中世時期，布帛是最普遍的財貨形式，並不是供奉神明的物品非得是布帛才行。雖然如今已不再稱作「幣」，但將馬匹、刀劍以及各式珍寶奉獻給神明，以博取神明歡心的風俗仍延續多年，一如人們贈禮以取悅他人一般。而在更古遠的時代，甚至還有進獻田地、農戶，或奉上神僕以供神明役使的例子流傳下來。

而貨幣的「幣」，它的原始用途正是供奉神明。雖不能說這是它的主要用途，但正如近年於志賀的大宮遺址中出土的實例所示，當時人們早已預設貨幣也可作為祭神之物。此外，正史中也記載，有新鑄的銅錢問世時，首先便會奉獻給著名的神社。

至於近世以來，每年例行的幣帛奉納儀式，雖然我還不知道所有詳情，但我想其中可能也包括這類所謂的「寶物」。這項習俗在民間早已廣泛流傳，延續已久，絕不是什麼新近的簡略儀式。

然而，如今那種巨大的賽錢箱，人們從遠處接二連三將硬幣「叮噹」

地投擲進去的樣子，無論如何都讓人難以相信這是古來就存在的傳統方式。

這種變遷的脈絡，如今其實還算容易觀察得出來。在地方上被稱為「守舊的家庭」或「老派人物」的人，他們的特質大多可以從這些方面看出來。像是對錢幣使用「御足」或「御鳥目」這些敬語，現在或許只是被當作一種女性語氣來理解，但原本應該是出於一種敬慎的態度，意識到錢幣也能作為祭神的幣帛或是獻給貴人的禮物，才會特別以敬語表現吧。

即使是我們這些所謂「新時代的人」，在贈送金錢時，除非是付款的場合，否則要是直接把錢裸露地交給對方，心裡也會覺得不太妥當。如今雖然逐漸模仿西方人的習慣，像是給傭人一些小費時，就算是赤裸裸地遞過去，對方也會心懷感恩地接受，但除此之外的對象，要是這麼做，恐怕對方還是會皺起眉頭地瞧你一眼。

也因此，即使神社裡設有那樣一個「什麼都可以投進去」的大型賽錢箱，裡頭仍然可以看到包著白紙的「御捻」（オヒネリ〔ohineri〕）。「御捻」這個古老的詞彙，即使在東京也還是有部分人使用，不過它的意思卻跟全國各鄉村地區大不相同。在東京，「御捻」曾一度被用來指俗稱的「小費」，也就是那種隨手丟給下屬、態度輕率的零錢，但如今連這種用法也漸漸失去了存在的必要性。

但是，只要看看賽錢箱裡的情形，就能發現「御捻」在過去並不是指那樣的東西。地方上的人對這一點更加慎重，包「御捻」有一定的日子與場合，雖然也是有其他的用法，但主要還是用於參拜神明。

而其中最具象徵意義的，就是這些白紙裡頭必定會包進洗淨的米。關於這一點，我曾在我的著作《食物與心臟》中有較為詳細的探討。這不只是單純的供品，更是一種敬意的表示。如果再進一步說，它也象徵著對神靈旨意的確認與接受。

從一些地區的新年習俗也可看出這點。在最莊重的一年之始，家家戶戶不但會向泉水、井水、各種小神明敬獻這樣的紙包，甚至連日常生活中珍視的東西，像是灶上的鉤子、石臼、農具等，也會綁上稱為「トビ」（tobi）的小紙條。

後來將「御捻」贈送給人，很可能也正是這種思想的延伸。而「御捻」中所用的米，必定是從一開始就精心準備好的，是供奉在稱作「蓬萊」或「三方」這類精緻高座器皿上的米，家中全體成員也會一同享用這些米飯。

然而到了像東京這樣的都市，這些儀式性的部分早就被簡化了，只剩下把幾枚零錢捻進白紙裡就稱作「御捻」了。

三

大約僅僅五十年或一百年前，「御捻」的使用方式與今天已有所不同，這一點在浮世繪或市井文學中仍可找到大量證據。只要耐心尋找，根本不需要我在這裡多加說明。過去的江戶人也稱「御捻」為「十二銅」，那是因為紙包裡除了米，還會包進十二文銅錢。不過後來反而省略了米，只剩下用紙包住的錢而已。

這樣的變化理由也非常明確，正如前章所述，在都市中「代願」、「代參」的風氣尤為盛行，無法親自參詣寺社的人越來越多，從事這種代參仲介的人也逐年增加，而這些人對米並不感興趣。當然，這些錢不是酬勞，而是「請代為奉納給某某神明的十二銅」，但這些錢最後會怎麼處理，其實委託方大致也心知肚明。後來，這種行為與其說是「請託」，倒不如說成是「捐獻」，於是都市中的「御捻」逐漸變得沒有格調，甚至讓人覺得有些可悲。

雖然我很想說，這樣的都市型「御捻」與至今仍在村落中實施的「御捻」，從一開始就是完全不同的兩回事，但可惜的是，仍有不少老年人記得，都市裡的「御捻」在不久以前確實還是帶有宗教信仰用途的。

哪個是退化、哪個是墮落的樣貌，只要將兩者加以比較便立見分曉。各位的故鄉或許也有許多類似的例子吧。在我們孩提時代，即使是小孩子，前往神社參詣時，沒有哪個人是不帶著「御捻」的。手裡拿著「御捻」去神社這件事，就被認為是去「參詣」了。節儉的家庭會將半紙裁成兩小張或四小張後，用它來包白米，再將紙端捻起來。

雖然說「御捻」也通，但在我們家裡通常都叫它「御洗米」，有時也叫成「御散供」或「打撒」。我們到神社參詣時，首先會打開紙包，把裡頭的米撒在賽錢箱上。這樣做的理由是，神社境內還供奉著幾尊小神明，也還有矢大臣與左大神這兩尊「門客神」，以及左右兩側的狛犬，都必須一一致敬，因此採用「散供」的方式，象徵性地「一撒多供」。

不過，也不是每個孩子都這麼做。有些人會連紙整包投進賽錢箱裡就回家了。雖然也不能說紙包裡從來沒夾帶過銅錢，但至少在我們家裡，「御捻」通常只包白米而已。

另一方面，我們也知道可以帶「賽錢」，即香油錢去參詣，但不知怎地，總覺得這兩種參詣方式不一樣，也不覺得這有什麼奇怪的。

如今，這種將米撒開的「打撒」習俗，起源已不易理解。首先，在春秋兩季的固定祭典之日，多數氏子前往參詣時，反而不會攜帶這種供品。當然也可能有人習慣成自然，即使在這些節日裡也不會空手前往，但畢竟這些日子已有神酒、供餅等各式各樣的供品，打撒的重要性自然就相對淡化了。

像我父母那一代人，便將「打撒」視為最簡略的供奉形式，每天早晨對著家中神龕行禮時，也只是獻上洗米而已。不過，這種單純供奉的洗米，與用白紙包起來獻上的「御散供」，在意義上其實並不相同。前者可說是盡其恭敬之意地獻於神前，後者則是隨意地將米撒開，態度上已有所區別。或許這兩種本來就是不同的形式，在後人逐漸遺忘它們的差異後才被混為一談。

根據近來《旅行與傳說》第十四卷第九期所報導的青森縣三戶郡的例子，當地的村社除了有一般的賽錢箱，在正門後方還掛有一個木箱，上頭寫著「外撒請投入此箱中」。這個「外撒」，想必是把「打撒」當成「內撒」而新創的相對用語。原來，在正式向神社神明行禮之前，有些人會先面向與正殿不同的方向，將部分供品或金錢撒向那一方。由於這種做法顯得過於草率，後來便設立另一個箱子來提醒參詣者將這部分的供品收納其中。這應該是最近才出現的新做法。

我們真正感興趣的是，所謂「外撒」的習俗究竟從何時開始？在中部一些歷史悠久的神社，如今已不再有這種習俗，取而代之的，是神社境內前後左右排列著數不清的小祠堂。前往參詣的人在拜過主神社後，通常還會順道祭拜這些小祠堂。據說過去甚至有販售一種名為「鳩目錢」的小額錢幣，它的價值小到只有一文錢的十分之一，專門用來對每一間小祠堂進行參拜供奉。

讓人難以理解的是，除了供奉「若宮」，即神明子嗣，以及主神的從神之外，有些小祠堂供奉的是全國知名、地位尊崇的大社所祭祀的神明，這樣的小祠堂如今卻被歸入末社之列，令人倍感困惑。這些安排顯然並非源自上古以來的制度，可能連各大神社彼此之間也不會承認這種系譜，而且具體的來由至今還不清楚。儘管如此，我們卻能從中看到一種模式：當人們信仰某一尊主要神明，往往也會同時對其他神明表達敬意。這種行為，至少在精神上與奧州南部「外撒」的風俗頗為相似。

對於不了解祖靈與村社本為一體關係的人而言，這種相似或許顯得過於牽強，但其實在盂蘭盆節的祭典中，我們也能觀察到相同的現象。人們為祖先設置祭壇時，總會在一旁或另設一處，為那些「無緣佛」或「外靈」（各地名稱不一）準備供養之所。儘管盂蘭盆節深受佛教影響，甚至有人誤以為整個節慶都是屬於佛教儀式，但像這種為外靈設祭的行為，恐怕也難以用佛法來完全說明。

此外，在正月過年與除夕的家祭中，信越以東地區普遍也保留著在神龕一角或壁龕上供奉「御靈飯」的習俗。由此看來，這兩種不同的祭祀方式必然各有其淵源。

四

因此，我想提出一個假說，這只是我的一種想法，將來或許能被發掘出來的事實所證實，或者有所修正。這個假說是：日本民族所信仰的神明，自古以來本就存在「內」與「外」兩種不同的類型。

這兩者的差別起初是相當明確的。只是隨著國家的統一進程，這些神明的信仰逐漸融合、彼此交錯，於是我們今天已難一眼辨明彼此的界線。不過，只要細心觀察，並不是完全無法理解的。

如果要簡單說明這兩者的差異，我會這麼表達：「內神」是我們熟悉且親近的神明；而「外神」則是尚未熟悉、因此令人心懷敬畏的神明。不過，只要虔誠敬奉，這些「外神」也會漸漸同「內神」一樣，甚至賜予我們更大的恩澤與庇護。

我認為，正是這樣一層層累積下來的體驗與理解，形塑出我們神道信仰的演變與發展歷程。

我們最初與「外神」相遇的契機，往往是在旅途中。當人們只在出生的土地上生活、勞作，根本就沒有機會去想那些異鄉的神明。即使偶爾離家遠行，人們依然會相信自己仍受到產土神的庇佑，以及氏神早已許下的守護承諾。

不是只有上戰場的士兵，而是絕大多數人都相信，只要家中有人虔誠祭祀、遵守禁忌、謹慎齋戒，這份信仰的力量就能保護出門在外的家人。過去在沖繩群島，人們都深信「姊妹是旅人的守護神」。

這些島嶼的居民，至今依然不太會參與其他家族神明的祭祀儀式，可見那種區分神系、信仰專一的觀念依然鮮明。但是，如果有個人長期與故鄉斷絕音訊，而且身處雲山萬重、浪濤萬里的異地，那麼他終將無法忽視各地神明所展現的神威。

尤其是在攀越險峻山嶺、橫渡驟起風浪的海面時，人們不禁會這麼想：也許就在這片陌生天地裡，也有一尊尚未得知名號、令人敬畏的神明，而祂正掌握著這次旅行的吉凶與命運。此外，各地居民那種樸素而熱切的信仰，也會深深感染這些身在異鄉、孤身遠行的旅人。

異鄉人的祭祀，與他們在故鄉所習慣的祭祀方式相比，自然會有不少差異。最重要的一點，是因為他們並不清楚神明所在之處，或神明將如何顯現。故鄉的神社往往有一種無以言喻的東西，或許可以稱之為「玄妙的感應」。現代人應該看不出來，但在昔日，神靈顯現之前，總會出現某些行之有年的徵兆。例如山巔雲氣的流動，或神木枝梢的微動，都可為人指示時間與方位，哪怕是最純樸的人，也能在這些自然現象中察覺神明的降臨。有時甚至還能隱約瞥見一位身披白衣、黑髮飄逸的神影，彷彿近在咫尺。

但在異鄉的旅途中，根本不會看到這類預兆。再加上無親無友，器物不備，許多祭儀都是臨時起意的，因此也無法如平日般周到地準備供品與酒食。或許正因如此，才會採用「打撒白米」這種極其簡約的形式，並將它視為一種獨立的祭祀方式。

我使用「採用」這個詞，可能會引來反對的聲音。但考量到人們視米為最上等的食物，施行咒法時，用撒出米粒的方式來驅邪或祈福，這樣的風俗自古以來就不只日本才有，其他鄰近民族也都看得到。因此可以推測，這個動作後來被逐漸理解為一種與正式祭典同樣的宗教儀式。即使這種推測有誤，這種祭祀形式的出現，無疑是在信仰體系中增加了一種新形態。

換句話說，正是由於祭祀者的生活情境改變，或是信仰形式的發展，有時人們只能透過如此簡易的方式來表達敬神與信賴之意。就如同有神道學者指出，「幣」是裁切成細碎狀的布帛，如果與撒米的例子相對照，也不能說它是毫無根據的，但如果說這是唯一的一種方式，那就有些不合理了。

接著，或許還會有人提出另一個疑問：如果說，是因為人在旅途中才有採取「打撒」的必要，那麼，為什麼在參詣村裡的氏神社時，也會帶上這種供品呢？針對這一點，我們還必須考慮到近世以來信仰的發展，以及那些原本不為當地居民熟知的各式神明逐漸被迎入社中、擴展其影響力的情況。

從古至今，每當疫病或其他突如其來的災難降臨，人們總會增加新的神明與祭典來祈求平安，這可說是由來已久的習俗。尤其值得注意的是，近代以來，一人獨祭的情況日益普遍，而祭祀日數也大幅增加。因此，如果不先釐清這些現象的來龍去脈，就很難對這個疑問給出明確的答案了。

五

這兩種「內」與「外」的祭祀形式中，最為顯著的差異，應該就是祭日的決定方式。一種是自久遠年代以來早已超越記憶、誰也說不清是誰訂下的固定日子。在那一天如果沒親自去參拜，不但無法親近神明，還會讓人產生被逐出氏子行列的不安感。正因為如此，至今仍有不少村人即使身在遙遠的旅途中，依舊堅持在祭日那天回鄉參加儀式。

至於另一種祭祀形式，則多半是依個人的方便來決定。那時，人們常常孤身前往一間幽靜、空無他人的神社，在神明面前，默默地跪拜祈願。即使如此，過去仍有許多人特意選定吉日來遵守短期的齋戒規矩，就算旅程因此拉長也在所不惜。即使是近年，仍然可以看到有人因恰巧趕上祭典之日而無比欣喜的例子。然而，這種心性寬厚、從容安排的參詣者，如今已日漸稀少了。

隨著交通日益便捷，越來越多人認為，只要途經神社附近，無論時辰為何，不參詣反倒顯得失禮。這麼一來，「祭祀」與「參詣」原本即為兩項各自獨立事件的這個假設，似乎越來越站得住腳了。

為什麼竟會在最近短短幾年之間發生如此劇烈的變化，關於這一點，即使先不談這件事本身的是非對錯或者是否難以避免，各位也實在應該認真思考一番。當然，導致這個變化的原因有許多，就算細說也可能有所疏漏，但其中之一，就是齋戒、潔淨等程序的簡化。

也就是說，人們開始覺得，只是旅途中順道參詣一下地方神明的話，即使沒有遵守哪怕是最基本的齋戒準則也無妨。這其實反映的是整體社會風氣的鬆弛，人們漸漸忘卻了齋戒原本是祭祀中極為重要的一環。

在各村落那些熟悉而親切的祭典中，齋戒的規矩已變得相對寬鬆，但對於遠方神靈的參拜，曾經有一段時期人們仍嚴格遵守著。所謂的「代願」、「代垢離」的職業因此而興盛，並不全然是因為旅途遙遠、交通不便，而是因為齋戒的戒律過於嚴格，即使心中懷著誠摯的願望與感謝，也不得不倚賴那些以此為業的人。

不過，這樣的代辦方式在都市中漸漸弊病叢生，不再取得信賴，雖說這或許是無可避免的發展，但由此導致人們連齋戒本身的意義也一併忽略，則是一種新現象了。

舉個極端的例子，通常能讓話題變得更加容易理解。像是參詣出羽三山這類傳統儀式，在現今的鄉間仍然可以見到修行用的小屋，年輕人從每月十七日之前便在裡面閉關，每日以冷水沐浴，遠離火氣，持續修行。這類情形在東北地區仍屢見不鮮。

然而，與這些虔誠修行者前後相繼踏上同一山徑的，還有那些精神抖擻的學生與登山客，他們事前毫無相似的準備。即使如此，當他們來到神社前依然會恭敬地行禮膜拜。他們將這樣的舉動視為「參詣」，並且批評古代導師們設下的種種規範，認為那些規矩不過是徒增束縛，只為維護特定群體的權益罷了。

富士山是修行者專屬特權最早消失的神山之一，但即使如今登山客如潮水般湧入其中，仍可見身著白衣、頭纏布巾的信徒，在山道間斷斷續續地上下攀行。

我也曾聽人感嘆，如今登山會的年輕人動輒以「征服這座山、征服那座山」為榮，令人難以苟同。至於女性是否可以攀登神山，近來在大和的金峯山成為討論焦點，我記得那次討論的結論是「不可」。

其實不僅是女性，過去還有因為與死亡接觸過或是吃過動物肉而被視為「污穢」的情形，這些人往往自我限制，不敢輕易前往參拜。然而，這樣的禁忌與障礙，從外人眼中又該如何分辨呢？這實在過於困難，以致如今仍只能順其自然，無法強行規範。

六

也就是說，在祭祀這件事上，不論條件多麼微小，總還是有一些必須遵守的規矩；但在參詣方面，這些約束近年來卻急速淡化。毫無疑問，正是這種差異導致了「祭祀」與「參詣」這兩者逐漸分道揚鑣。

斷言「古今無異」之類的看法並不成立，其實不必特地舉出修行最為嚴格的靈山為例，只要留心觀察就會發現：即使是平地上的普通神社，幾乎也都設有石造的淨水盤，而那些對此視若無睹、斜眼一瞥便逕自前行的人並不在少數。

不過，與這些外在形式的改變相比，更根本且更沉重的原因，其實存在於人們的內心。如果要盡量淺顯地說明，我認為最貼切的說法就是——祈願減少了。

祈願，是祭祀三大要素中最能展現旅人懇切心志的一項。正如古歌所言「獻上祭品，祈願平安」，一個人在家鄉時，或許沒有什麼特別強烈的願望，但一踏入異鄉，便會湧現出種種憂思（對前路未卜的厄運、對遠方親人的掛念），在那樣的不安中，除了轉向神明祈求庇佑外別無他法。事實上，這些願望常常得以實現，人們也多能在結果中感受到神明的回應。

一般認為，人生中體會到信仰的必要性，大多是透過佛教的經驗，但我個人反而覺得，人在離開家鄉、行走異地的那一刻，是激發信仰的重要契機。至少，在過去家族或村落一同舉辦祭典，專為氏族守護神奉祭時，是不容許個人私自祈願、獨自向神明請求保佑的。後來雖然各地村落也開始出現可供個人祈願的神社，但人們還是將鎮守神氏神的神恩，視為全體共享的庇佑。

而村中的例行祭典，自然也包含了祈願的意涵。人們希望這片土地能如往昔一般常保平安，一整年都沒有意料之外的災難與悲傷，並認為這一切都是神明庇佑的結果。這種平安生活的實現，也正是全體村民內心最渴望的事。他們相信，自遠古的祖先以來，便已獲得神明許諾這樣的恩惠，因此對神明的恩澤寄予了無比的信任與感激。

即使偶爾口中重複祈願詞句，也不過是遵循既定形式，而不是臨時生出來的新願望。所以，村中的祭典多半偏重於兩件事：一是對於今年平安豐收的感謝；二是對神明威能的信賴與讚頌，絲毫沒有半點私心雜念。要說這樣的祭典，與以祈願為主的其他神明祭典有何不同，我想只是因為侍奉神明的立場不同罷了。與其說是性質有別，不如說只是重心所在不同而已。

旅人如果能夠平安完成長途跋涉，當他再度經過那塊土地，必定會去向神明還願，並以極為恭敬的態度稱頌神明的恩澤。那種讚美之詞，有時近乎阿諛逢迎。不過，那樣虔誠的根本動機，是因為他們希望將新願望寄託在從未仰望過的異鄉神明上。說得直白些，就是他們試著向「新神明」祈願。也正是這一點，使他們的行動與上古時代難波堀江所記載的信仰歷史，悄然連結了起來。

然而，儘管這樣的信仰行動曾對各地村落的祭典產生顯著的影響，它本身卻逐漸脫離了最初的祈願動機。到頭來，那些長途跋涉、將信仰之心帶到遠方神明面前的人，反而被輕視為「追著神跑的人」，淪為被戲謔的對象；而那些既沒有明確願望，也沒有深刻期盼的人們，只要能夠「在神明之前誠心叩拜」就心滿意足了，不得不說這是一個重大的轉變。

即使目前尚未完全明朗，但可以確信的是，這樣的變遷背後，還有其他深層的原因仍在悄然發生作用。

七

那麼，首先我們得思考一個問題：村落中原本的祭典，究竟是怎麼變得與單純的參詣一樣呢？接著，還要進一步探究那些來自外地的神明參詣活動，是如何一步步地轉變，又如何反過來對這些祭典造成影響呢？相比之下，有關賽錢的爭論其實微不足道，恐怕在說明這些轉變的過程中，自然就會找到答案了。

村莊的神社，隨著時代推移，臨時性質的祭典越來越多。有些祭典因為實際需求頻繁，最後甚至被正式編入年度例行儀式中。這些最初的需求，大多是為了祈求免於風災、旱災、蟲害、瘟疫等突發災禍的侵擾。隨著人們生活與經濟活動越來越精細，這些災禍成了無法避免的煩惱。然而，人們並未因此改動古老正祭的形式，而是另外設置新的祈願儀式，這樣的做法其實頗具用心，我認為並不是單純因為正祭的時間湊不上而採取的權宜措施。

這類臨時祭典的進行方式，大多包含了夜間齋戒或日間齋戒，每家每戶會準備供品前來，先供奉於神前，再舉行「直會」，亦即眾人與神同宴的儀式。這一系列的步驟與一年一度的大祭相差無幾，反而更能讓人感受到早期純樸社會的風貌。

因為在貧瘠的小村落裡，所謂的大祭，通常也看不到神輿或獅頭等華麗的裝飾，而是與上述臨時祭典的簡樸模樣十分相似。像是在山村中狩獵前、漁村中出海前舉行的祭典，有些或許原本就存在，但也可能是在漁獲成果逐漸不穩定之後，才開始模仿農村秋天齋戒的形式來舉辦。

至少，有一種臨時祭典可以確定，那就是人們出征戰鬥前所舉行的儀式。這樣的祭典幾乎是必定舉行的，也理所當然地屬於緊急的特別祭祀。

接下來出現的，應該是一種嶄新的祭祀形式。它不同於那種因為疫病或其他不安因素襲擊整個村莊而舉行的祭典，而是當村裡的某個居民突然病危，臨時起意所舉行的祈禱。或許一開始，只是在族長或重要代表人物罹病時才進行，但後來擴展到一般人身上，成為人人皆可受惠的一項新儀式，實在是值得讚許的發展。

在中國地方一帶，有些村子稱這種祈禱為「千祈禱」或「勢祈禱」。它的精神與「千駄焚」這種祈雨儀式十分相似：眾人將茅草與柴薪背上山頂，一同焚燒，以此凝聚群體的念力，祈求實現單靠一人或少數人難以企及的奇蹟。這種集體的信念與行動，也與我們國家創建以來對氏神的信仰不謀而合。

起初，這樣的祈禱可能是全村總動員的，但後來隨著氏子的範圍擴大，人數增多，無法完全動員，又或是被祈願者的病情日益輕微後，支援者的範圍便縮小至同住一戶的家族或鄰近住家的人們，然後再進一步演變成由親族或親近之人發願進行「千度參詣」或「百度參詣」，一個人不斷反覆前往神前參詣，以誠意與持續的行動懇求神明庇佑。

這一連串的變遷雖然是緩慢而自然的，但的確對我們今日的神社參詣形式產生了不小的影響。像那種全村集體為某個病人舉行祈禱的場合，通常都會準備與正式祭典相符的神酒與供品；但到了近代通俗小說中常描繪的場景，則變成了某個孝子或貞女在深夜悄悄起身，在井邊沐浴齋戒後，步行前往神社祈願。在這種情況下，祭祀的形式自然被大幅省略，有時甚至連最簡單、通常被視為象徵性供品的「散供」也不曾帶上。

如前面所說的，「參詣」原本的意思，是在祭典時期進入祭場，在某個角落靜靜伺候一段時間。但如今卻變成只行一次禮便立即轉身離去，這個改變當然不能完全歸因於「百度參詣」這樣的新風俗，但它的確是推動這個變化的因素之一。

氏神本是守護整個氏族群體的神明，這點無庸置疑。但到了某個時期，連個人的祈願——不限於能獲得公眾認可的願望，連純屬個人私心也包含在內——人們都相信能夠獲得神明垂聽，而這樣的信仰演變自然有其原因。

其中一項理由是因為村落中神社的合祀，也就是多個氏族共同祭祀同一尊氏神。隨著人口增長、生活日漸複雜，即使彼此的利益並不會發生衝突，人們對信仰的深淺與虔誠程度終究各異，對神恩是否厚待自己也就難免有所比較與揣測。加上現實生活中，人們對神德的崇仰純度早已不盡相同，對信仰的詮釋也受到世俗智慧的影響，祭祀與參拜的方式便越來越多樣化了。

但整體而言，虔誠信仰的人總是受到尊重，敬神之舉也始終被視為善行。因此，隨著參詣的條件與準備變得簡便，參詣的次數也普遍增多了。例如「日參詣」與「百度參詣」這些習俗，原本是從「千垢離」

或「勢祈禱」這類大規模祈願中演變而來的，起初是懷抱重大心願的人才會發願實行，後來卻漸漸轉為單純祈求每日平安健康的日課，特別是老人家常把它當成每天的功課。

在國學大師平田篤胤那個時代，還有人討論早晨敬拜神明的儀式如何實行；而如今，這早已成了理所當然的日常行為。與過去的觀念相比（神明每年固定於某一天降臨，接受百姓引頸期盼而敬奉的祭典），如今的做法似乎顯得有些難以理解，但這兩種觀念之間，其實經歷了數百年，甚至近千年的經驗積累與推理沉澱。

歷代的氏人對神明的力量深信不疑，即使不是神明應許降臨的那一天，只要遇上緊急困難，他們也相信神明定會現身救助。事實上，很多例子都顯示，那些特別虔誠的人總是能夠承蒙神明的庇佑。所謂「神宿於誠心之人」，原本就是來自神諭的智慧。後來，這種觀念逐漸深化，不少人理解為：神明常駐於敬神者的心中，或者隱身於神社深處，時時守護著眾人。

總而言之，這早已是近世以來的信仰事實，無法單憑古代的紀錄來加以取代或否定。而且那些離鄉背井的旅人的眾多經驗，也充分印證了這樣的信念。那麼，「內」與「外」兩種祭祀形式逐步融合成一體，也就成了一種順理成章的變化了。

八

這裡，為了說明上的方便，姑且將那些無法一一詳述的祭典與來歷不明的神明，統稱為「其他的祭典」或「未知的神」，其實這些數量與類型已多到難以計數了。其中，有些神明至今仍然沒有人知道祭典的正確日期，也不知道哪種方式才是神明所喜歡的；另一方面，也有些神明自古便有一群虔誠的祭祀者每年不斷地用心祭祀，卻因地理相隔、所屬不同而長年以來互不相識，且這樣的情況不在少數。

人們初次踏上異鄉，偶然感受到神祕靈異，從而興起想要奉祀神明的念頭，這種情況自古即有，當中自然也有上述兩種極端的差異。時至今日，我們依然可以見到這樣的情形，每當有人想要迎奉神明，開口的第一句總是：「請問您是哪位神明？」或「請問您是哪尊大神？」

而這個問題的答案，到了近代更是五花八門。許多情況下，翻遍古代紀錄都找不到蛛絲馬跡的神明名號竟然現身，或者所報上的是明顯受到佛教、道教影響的新興神明名稱，甚至有時是從未列入八百萬神之中的，也忽然以神靈之姿現身。至於是否相信這些神明的存在，自然是取決於個人的判斷力，或是當時所處環境的影響。不過，這些神明所產生的影響，並不總是局限於某一時期或某個地方。從今日各地分布的小神社與小祠堂，乃至被俗稱為「藪神」或「小神」的各種神祇，祂們的名稱竟能跨越地域而出現一致，便可看出這一點。

古書中稱祈請神明示現為「顯祀」或「奉顯神明」。這原本是一種莊嚴的儀式，應是在一整個村落或宗族面前，以極其謹慎的態度進行。然而，隨著時代變遷，有些人離開出生地，踏上旅途，過著孤獨的生活，此時，這類「與新神相遇」的經驗就變得頻繁且更容易發生。對個人而言，這往往是一種強烈的精神衝擊，於是有時也會感動身邊的人，進而廣泛流傳，綿延不絕。

即使是後來被貼上「淫祠邪神」標籤，甚至被國家視為麻煩的小神社，這類信仰也不能一概斷言是巫師神婆的詐騙手段。其實，不過是因為這些神明的「出現」實在太新，而發現者自身又素養不足，或是對神意的詮釋過於雜亂，才沒能獲得普遍的認同罷了。不過，世間大多數的祭典，追根究柢，仍是始於人們懇切祈願的結果。這樣的例子至今仍是常態，幾乎從未真正脫離過。

回想部落分據、各自為政的遠古時代便能理解，對神明的承認有時甚至無法延伸到周邊部落的祭祀活動。即使到了今日，在村落主神的神社中，仍隱約保留著當年彼此對立的痕跡。然而，整個國家的信仰已經融合得如此澈底，竟讓人對這些殘留現象感到難以理解了。

如果將這種信仰融合的結果，單純歸因於民族文化的自然發展，那就忽略了歷代朝廷的深思遠慮與庇護，也輕忽了神社制度自古以來根深柢固的行政方針。沒認識到這一點的話，實在很難不被批評為認知膚淺。但是，我們也不能忽視另一個重要的面向，那就是，隨著交通的發展與國內各地交流的頻繁，民眾自身也越來越積極地響應國家的整合方向，並將這種統一的信仰視為理所當然，甚至身體力行，澈底實踐。這一事實，在歷史的討論中常常被忽略掉了。

一旦踏上異地，人們通常會先詢問當地人祭拜、敬奉哪一尊神明，並且盡量參與當地的祭典與儀式。換句話說，來自他鄉的旅人，總能毫無戒心地接受當地所供奉的神明，誠心誠意地一起祈禱。這樣的風氣，隨著時代推移益發興盛。即使我們不敢武斷地說這種態度就是日本民族的天性，但可以合理推測，日本人自古以來所抱持的固有信仰，正是因為能夠順應國家團結的需求，逐漸培養出更大的包容性，使得各地神明不僅能夠並立共存，甚至與外來的諸多神祇也能相安無事、共榮共生，顯示出這個民族與生俱來的協調氣質。

這種現象，不僅適用於國內各地神明之間的融合，也同樣適用於來自海外的新興宗教與古老信仰之間的互動。例如兩部神道[1]所展現的「本地垂跡說」這一奇特融合觀點，以及「權現」、「影向」等新詞語的出現與流行，其實都是由日本人自己創造並信奉的。我們並不認為這些現象單純是受了外國傳教士的聰明策略所左右。

如今，各家各戶的神棚仍舊是信仰生活中的一環，「三教合一」的思想，不論時代如何變遷，只需稍作調整與搭配，仍能自然而然地被大眾接受並延續下去。由此可見，早在古代，日本國民之間就已經存在一種態度，那就是彼此承認、尊重對方所祭祀與崇拜的神明。而這份態度，特別是在同胞之間，更顯得格外溫厚親切。

九

人們在長久定居某地之後，對於當地自古以來祭祀的神明有所了解，與發現一尊全新的、從未聽聞過的神明後加以祭祀，這兩者之間，在實際舉行祭典的程序上，至少有兩個明顯的差異。一個是舉行祭典的時機，另一個則是確認該神明存在的方式。

當遇到無人知曉、也無法得知何時何地有人祭拜過的神明，那麼舉行祭典的日期，與其說是自由選定，不如說是立刻進行。通常會在發現神明的那個當下就舉行祭祀，也許這就是「顯祀」一詞的起源。這樣的首次祭典日期，後來常成為例行的年中大祭之日，至今許多著名神社所訂定的主要祭典日，也正是為了紀念當初那個神明示現的重大事件。

1 譯註：又稱「兩部習合神道」，是指以佛教真言宗（密教）的立場解釋神道。

如果是已知某尊神明自祖先時代起便被各地的族人長年供奉，那麼，在可能的情況下，通常會選擇等待原有的祭典日那天再舉行祭祀。因為人們相信，祭典的神聖效果，都是在眾人意志團結一致時產生的。除非是極有自信又同時具備相當能力的人，否則在過去的時代，不可能只因為旅程安排或個人需求就獨自舉行臨時的祭典。

接著來談談第二點：如何確認神明的存在。其實，不一定非要靠神靈附身或靈媒傳語那樣強烈的神諭才行，只要心中懷有單純的祈求之念，或是感受到細微的靈感波動，如果這時候又剛好有一兩位如能劇所描寫的「當地之人」在場作證，那麼便能立刻認定神明就在現場，領悟祂的神聖與恩澤。而且，最初所經歷的神奇現象越是不可思議，對神明存在的認定也就越堅定不容動搖。

像是中將實方與笠島道祖神[2]，或是紀貫之與蟻通明神[3]，這些故事都是歷史中有據可查的實例。正如和歌中所說的「豈能料到竟有神在此」，就是因為過去不知道才會有所懈怠；一旦察覺到神明確實存在，怎麼可能去懷疑神德呢？於是，人們便當場獻上供品以表敬意，這個供品就是「幣」。而根據個人的情況與當時的環境，有些人會立即以這份幣品為契機，舉行集體的祭典；也有人選擇將它保存妥善，等待下一次的例行祭典之日再行奉獻。原本這兩種做法並行不悖，但隨著時代演進，祭典中的禁忌與儀式逐漸簡化，臨時舉行的祭典也因此變得越來越多。這是我對這段歷程的理解。

另一方面，近代出現了「投賽錢」這樣極為簡略的供奉方式。即使只是這麼微小的行為，人們依然懷抱著如同親自舉行一次私人祭典般的心情，不僅對神明表示讚頌，承認祂的神威顯赫，還藉此機會將個人的願望寄託其中。看來，正是這樣的心態，逐漸形成了一種習俗。

不論一族一門的規模大小，原本所有的祭典，理應都是以團體為單位，是一種公眾的宗教行為，祈願五穀豐收、全村幸福安康等共同的目標。只是，這些原本以公益為本的神社祭典，不知從何時起，竟然變成個人祈願的場所，有時彼此之間的願望還互相衝突。或許學界對此另有見解，但至少對我而言，除了這樣的理解方式，我還找不到更能說服我自己的解釋。

2 位於現今宮城縣名取市笠島的道祖神社。《源平盛衰記》記載，陸奧守藤原實方騎馬經過該道祖神前時，雖遭勸阻仍執意前行，結果落馬身亡。

3 紀貫之為平安時代著名歌人，《古今和歌集》編者、《土佐日記》作者。此處指的是他途經蟻通明神社時，馬匹突然摔倒，於是吟詩平息神怒的逸話。

十

「幣」（ヌサ〔nusa〕）是我國最古老的詞語之一，如今已難追溯它的詞源，但至少可以確信，在最初以漢字「幣」來對應這個詞語的時代，人們對它本來的意涵還是清楚明白的。正因為這是關乎公領域且意義重大的詞語，我才更願意相信這一點。

既然如此，作為外來字的「幣」，它原本在漢語中的用法，也就具有一定的參考價值。中國古代所說的「幣」，用途並不像日本這樣單指獻給神明的供品，但即使如此，中國也不會把「幣」字隨便用在庶民之間的平凡贈與上。如果說它是一種表達敬意的方式，可能會顯得太籠統，因此在我們日本，後來也逐漸收斂這個字的用法，不讓它被過度濫用。

一部分的原因與我國的國情有關：凡是朝廷曾經使用過的詞彙，平民百姓便會自動謹慎使用，甚至加以避諱。但更重要的原因在於，當供品「幣」是由國家正式頒賜時，它本身便帶有一種特殊而神聖的意義。在官方文書的用語中，這樣的行為稱作「官知」，也就是由朝廷正式知悉並承認的意思。

即使一間神社擁有熱烈的信仰支持，但原本只是地方或某一氏族世代祭祀的對象，而如今能被官府知悉、正式登錄，那麼帶來的感動與榮耀自然遠超過接受幣帛的恩賜。而根據世代之久與氏人的多寡來劃分神社的等級與所屬區域，也正好配合了另一面——即將「天神地祇」視為同等，進而成為促進國家統一的極有效手段。

例如，明治維新時期的政府，雖然隔了一千年，卻重新恢復這個制度的大部分核心內容，那麼，現在要理解這項政策背後的基本精神就不難了。因為要是沒有建立這樣的新秩序，即使政治上能消除各地藩國的割據，信仰層面仍將四分五裂，彼此不理解對方的祭祀，甚至各自爭強取勝，互不相讓。

「敬神」正是維新時代的一項重要口號，而朝廷也率先以身作則，樹立了榜樣。

我一直希望說明的一個重點，就是現在所看到的祭典大小的差別，以及官祭與私祭的分類，實際上正是起源於這樣的制度。不過在進一步說明前，還必須先釐清一件事，那就是「奉幣」原本是指神社以外，也就是不屬於氏人群體的人表達敬意與崇敬之情的總稱。而在這些外來的奉幣者當中，又逐漸明確地分出兩類：一類是由朝廷或官府派出的使者所奉上的幣帛；另一類則是其他民間人士的奉納。隨著時代發展，前者的重要性越來越突出，格外受到重視。

在幕末「尊王論」盛行的時代，曾有人做了一首和歌：

奉上幣帛之日，二荒山中傳來杜鵑初啼，那啼聲彷彿是神明所傳達的恭敬之情。

我已不記得這位歌人的名字，但這首歌帶給我的感動仍歷歷在目。這樣的思想可以說非常古老，像已故學者猪熊夏樹便常口頭引用「王行十善，神行九善」的說法，意思是天皇的地位甚至在神明之上。

在明治以後，許多忠臣名士受到祭祀，被奉為神明，在這樣的時代氛圍裡，這種「尊王」的理論更需要被澈底釐清。如果說各地歷史悠久的神社中，有九成九原本都是祭祀那些曾以天皇為神、對朝廷忠誠不二的氏族先人，那麼，幣帛的奉上便是來自上位者的恩賜，而神明的回應也應是「恭敬接受」，這種看法對於日本國民來說是再自然不過的推論。

當然，朝廷自己也會舉辦祭典，尤其是在為民眾祈求豐收、祈求風調雨順、消災袪病的時候，這些祭典堪稱政治的重要一環，也有特定的神社負責此項任務。至於國內其他為數眾多的神明，都是仰賴這份由天皇所賜的「承認」才得以在百姓之間彰顯神威與靈驗。這樣的觀念也逐漸成為一般民眾的常識。

也就是說，祭祀中所表現出來的「祈求」與「感謝」這兩種形式，原本都是民眾自身的行動。但另外還有一種「渴望與讚頌」的情感，則是因為官府的支持而獲得大幅提升與強化了。雖然這其中因發起人的不同而有程度上的差異，但我認為，即使是由朝廷任命的國司或郡領，乃至後世由各領主來發起，只要是出於自發性的崇敬之情，他們帶來的效果，應該與官府支持時所產生的效果相近才對。

此外，奉幣的時機通常選在神社一年中最重要的祭典之日，或是歷史最悠久、儀式最特別的日子，顯然是有意識地強化「信仰統一」這個社會意義。也因為這樣，許多原為臨時舉辦的祭典，後來也都固定下來了，有些甚至被安排在大祭的隔天。這種例子相當多，支持了我上述的推測。

這樣的安排，不只是對神職人員的一種激勵，也是為一般社會大眾提供一個機會，讓他們有緣知道神明的存在，進而產生敬仰之心。而且，隨著交通便利的進步、都市人口的集中、城下町的發展，所謂的「官祭」在規模與華麗程度上顯得特別突出，即使是同一座神社的祭典，也因此有了明顯的大小差異，而這是再自然不過的事。

記得我前幾年到豐後的保戶島旅行，那裡的一位長者對我說：「今晚是比較小的神明要降臨喔。」我聽了覺得十分有趣，還將這句話記錄在《海南小記》[4]中。畢竟，地方神社的神明理應不分大小。但從是否有外人參與這件事來看，的確會大大影響當地居民的感受。

十一

就我自身的理解來看，所謂的「官祭」，原本是指那些官方正式認可為「官知」的神社，於某特定日子接受幣帛奉納的祭典。它不同於天皇親自下令由各官署舉行的祭典，而是在各地由地方的小祭主負責，每日早晚的供品由他們準備，居民的祈願與感謝之意也由他們轉達給神明。當然，毋庸置疑，這些祭典的精神與國家的方向一致，但值得注意的是，它們在獲得「官知」的認可之前，早就成為地方的傳統了。當然也有一些是後來跟隨這些傳統祭典而創設的新祭典，但終究屬於極少數的例外。

然而，當朝廷的使節親臨祭典現場，場面格外莊嚴盛大，也因此激起人們深刻的情感與印象，進而形成一種精神上的支配力。最初，能夠獲得這種殊遇的地方神祇數量其實十分有限，但由於這樣的祭典形式自然而然成為統一信仰的指標，於是逐漸獲得廣泛的支持與推崇，從史料紀錄來看，也留下無數可資證明的例子。

4 柳田國男的旅行記，於一九二一年三月至五月間刊載於《大阪朝日新聞》、《東京朝日新聞》。後收錄其他論考並於一九二五年由大岡山書店出版成書。

後來，各地領主紛紛仿效這項制度，競相向領地內的舊神社表達敬意，到了這個時期，官方與民間兩種祭祀動機往往混而不分。人們不僅為了豐收、祈雨、防災等攸關民生的目的而舉行祭典，甚至連個人心願的實現也會由氏人主導祭典並奉上幣帛。這樣的例子愈來愈多，或許在某種程度上，反映出領主深信自己既然身為族長，便在祭祀相關事務上具有主導性與正當性。

至少可以說，能夠同時參與多間神社並主導祭祀的這種做法，在當時是一種嶄新的觀念。另一方面，從前朝廷試圖藉由大力推崇多尊神祇的恩澤來鞏固庶民的信仰，這種政策後世仍熱衷地繼承下來了。

至於每年諸多祭典之中，只選定其中一項稱為「大祭」，其餘則視為次要的小祭，這種做法我認為並非自古就有的習俗。同樣地，將「官祭」單純理解為「官家主持的祭典」，這種觀念其實也是後來才出現的，即使如今看來似乎已成定論，無人爭辯，但最初採用漢字來記述這些概念的人，或許心中另有用意，這一點可從現存的紀錄中推測出來。

至少可以肯定的是，將所有「非官祭」一律歸為「私祭」的分類方式，過去是絕對不存在的。人們至今仍記得，「私祭」這個詞最早明確存在於伊勢神宮的祭祀制度中。伊勢神宮除了由朝廷任命的祭主之外，任何人都不得擅自舉行祭典。無論歷史興衰如何更替，即使今日每天都有成千上萬的參詣者前來，沒有人會因此誤以為「私祭」的禁令已被解除；同時，也沒有人認為在明文頒布禁止「私祭」前，國民曾享有自由祭祀的權利。

那麼，為什麼還需要特地重新明訂這項規範呢？依我的理解，是因為剛好在那個時期，外人也經常感受到大神社的神德，或是新創的神社本來就沒有固定的氏子群體，結果導致許多彼此無關的氏族紛紛前來祭祀。正因如此，為了釐清等級差異、避免混淆，就有必要再次明確宣示這項原則。

儘管拿來互相比較似乎不敬，但一些鄉村的氏神小神社，自古以來祭主的身分也是固定不變的。雖然這些神社未被官方認可為官社，自然無法稱為「官祭」，但至少在當地居民眼中，它們確實扮演著公共祭祀的角色，因此更適合稱為「公祭」。

另一方面，雖然外來民族不可能強行插手當地的祭祀，但氏族中，也不是沒有與本家抗衡、意圖奪取祭主地位的人。為了抑制這類紛爭並維護族長的權威，自古以來便有制度加以規範，這也是各聚落內部秩序的重要一環。

從這個角度來看，即使是那些規模小、沒有幣帛奉進，也沒有使節前來參與的日常祭典，只要是由在地氏人主導，並維持氏子間的統一與秩序，那它們絕不能被視為「私祭」。反而，為了確保共同的信仰與規範，這時候的「私祭」應該是被禁止的。

話說時代不斷前進，社會隨之發生了各種變化，這些變化也波及到神社信仰的領域。其中最大的變動，就是「氏神的統一」。過去屬於不同氏族的信徒，逐漸商議聯合起來，共同祭祀同一間神社。在這樣的過程中，有些氏族選擇歸屬於較為強勢的氏族之下，也有一些是以較為平等的方式合作。在後者的情況下，便產生了輪流擔任祭典主事者的制度，也就是所謂的「輪番祭主」，或稱為「輪流當家」、「一年神主」等規則。隨著這樣的制度建立，因為輪值者對神事不夠熟悉，輔佐者的角色便越來越重要，最終也促成了今日神職制度的誕生。

第二個變化雖不是全國普遍現象，但也相當值得注意。那就是，有些神社從創立之初便沒有特定的氏族信徒，而是吸引來自各地、彼此並無關聯的信徒前來參拜，並由他們共同舉辦祭典。這類神社的數量逐漸增加，而且越來越興盛。這股風潮不知不覺中影響到了各村落的神社。如今，即使是完全沒有淵源的外地旅人，如果臨時在當地祈願或還願而舉行祭祀，也不再被當成怪事。因此，原本禁止私人祭祀的規範，在這樣的背景下幾乎難以維持了。

對於那些試圖釐清日本固有信仰歷史的人來說，這樣的變遷無疑是一種遺憾的混亂現象。

接著，第三個更為重大的變遷，是長年擔任祭祀之職的地方舊家逐漸退出祭典的舞台。自明治維新以來，社會生活各方面都發生了劇變，其中尤以這種變化的規模與重要性最為突出。過去，固然也發生過族長地位衰落的事，但那多半屬於個案，而且氏族解體的話，氏神的祭祀自然隨之中斷。但是，這一次的情況卻有所不同：即使原本祭祀的家族不再延續，神社本身卻依然存在。原因就是家族與神社之間的聯繫已經變得薄弱無力，而且國家與社會這種外部的崇敬力量日益強大，足以支撐起神社的存續。

無論如何，如今在地方上，仍保有傳統並持續承襲祭祀職責的舊家已經寥寥可數，大多由更合適的人選取代，而這些新任者也不斷更迭。地方居民心中那些難以言喻的不安，通常都沒辦法化成對神明祈願的言語，而是依賴著與神明長年親近下來所建立的默契。而今，他們擔心，這種長久的默契是否會因為某些個人的熱切願望，或是來自外地人的新奇訴求，而逐漸式微。

換句話說，人們擔心，在強調公平與一視同仁的現代觀念下，公祭與私祭之間的界線會變得模糊，進而動搖信仰的根基。那些全國聞名、香火鼎盛的神社或許無需擔憂，但其他地方要是不特別留意這點，鄉土間緊密的信仰聯繫可能會日漸衰退，至少，如果只在每年一次的大祭時才熱烈投入，平日卻沒有人思念神明，那麼這樣的信仰就會逐漸空洞化了。

十二

最後，雖然這已經超出民俗學的範圍了，但我還是想趁這個機會，對各位想要研究日本祭典的年輕朋友說幾句話。你們這一代人能夠學習前人所有美好的經驗，並從那些長期隱藏、終於被發現的規律中最先得到好處，甚至還能學會相關知識，準確地預測未來的人生變化。就算你們當中有人能從現在開始，毫不猶豫、毫無錯誤地執行一年的計畫，我也完全不覺得奇怪，甚至覺得那是理所當然的。

但是，除非你們能公開這些厲害的技巧，或者傳授給所有同胞知道，否則，對於那些條件不如你們這麼好的人，他們用一些不科學的方法來處理生活中的不安，你們是沒有資格去輕視的。至少，在還沒大致理解這類做法背後所依據的基本思維之前，即使自以為是在批評，其實根本稱不上是真正的批評。

日本人自古以來所固有的信仰，自始至終一貫地展現出一種罕見的純粹、潔白且毫無私心的特質，世上幾乎找不到相似的例子。自從欽明天皇[5]十三年，有人獻上佛像與經卷之後，各式各樣大小宗教陸續從海外傳入或在國內自行形成，而且信仰這些宗教的人們留下了大量紀錄，堆積如山。

然而，從他們的角度來看，在各個時代中，所謂的「不信者」，人數始終非常龐大，但與此同時，全國各地仍然有兩種古老習俗幾乎毫無例外地延續至今：一是孩子一出生，在產房的禁忌一解除，家人便會前往參詣當地的守護神「產土神」；二是每逢秋收結束之際，村民爭相參與氏神的祭典，傾注一整年的歡喜來慶祝豐收。

這種看似奇特且並存的現象，究竟是基於日本國教的本質，或者只是因為外來傳教者的勸說技巧、智慧策略，甚至是對教義的擴大解釋才得以實現？這個問題，早就該成為日本宗教史學所必須解答的重要課題。

要是能明白其中的關鍵，也許過去就不必花費那麼多力氣，去進行某些其實可以避免的無謂爭論。即使現在才開始，我們也必須致力於釐清這件事才行。

這個方法，其實並不算特別困難。首先，我們可以各自回想一下自己童年時期，或者觀察目前年長者口中所稱的「神明」，究竟是在指什麼。即使人們對神明的稱呼各有不同，有的說是某某神，有的說是某地的神，但在村落裡，大家所信奉、通稱的神明所在，其實只有一處，那就是我們常說的「神林」或「御宮」。

即使後來有兩個以上的門閥結合，共同舉辦大型祭典，才產生「鎮守」這個詞，但這其實是來自漢語的新名稱。對女性或年長者來說，他們依然習慣用「氏神」或「產土神」來稱呼，這些名稱對他們而言更親切自然，而這樣的信仰也無可置疑地成為各地鄉土信仰的中心。

即使是那些熱中於研究神佛、經常參拜神社寺院的人，也都能自然地理解這些不同場所之間的分別。例如，人們普遍認為，要祭祀神明就必須要有神主，這點一方面已成為理所當然的常識，而在另一方面，也有人認為沒有神主也沒關係。也就是說，各地存在著許多由個人隨意進行的私祭，沒有人會質疑這些神社、祠堂、御堂等；但與此同時，還是有些神明是必須按照古老習俗，由特定人選來奉仕的，不然就不能稱之為「祭典」，這點雖不常說出口，卻也是大家默默認定的。

5 欽明天皇（？～五七一），欽明朝時期，針對是否該接受由百濟傳入的佛教，崇佛的蘇我稻目與排佛的物部尾輿展開激烈的對立；最終，主張接受佛教的蘇我稻目勝出，蘇我氏也藉此進一步鞏固了權勢。

而如今，這兩者之間的界線，卻因為制度與經濟條件的變遷，開始模糊起來。雖然世間出版了許多讀也讀不完的書籍，但對於近代以來的這些變化，卻依然沒人能夠明確做出釐清。反倒是透過觀察「日本的祭典」，往往能讓我們意外地察覺到這些隱而未現的事實。

在近世以前，人們的信仰生活與今日相比是相當孤立封閉的。人們極少遠行，村與村之間往往彼此隔絕，甚至時常處於對立狀態。除了那些奉神而遷、主動移居他地的人以外，乙村向甲村學習的機會幾乎不存在。即使到了今天，像四國、九州與東北地區之間，也很少有足以促成信仰交流的交通往來。

即使如此，只要仔細觀察，就會發現各地的神祭儀式中，竟仍保留著許多相似的形式與一致的傳統。只能說，我們的遠祖原本是同源而生——曾一同圍坐在同一個爐火旁，掬飲同一口泉水的族人。唯有這樣的共同記憶，經歷漫長歲月仍被深切保留與傳承著，才能解釋這種儀式上的一致性，除此之外，幾乎沒有其他更合理的說法。

遺憾的是，直到現在，能夠察覺這件事實的人仍屈指可數。不過，一旦有人有所領悟，這種體會將是新鮮而強烈的。而我之所以歡迎像各位這樣，以澄澈之心，願意重新張開雙眼凝視人生實相的人們成為聽眾，原因就在這裡。

現代人習慣透過語言這種表達方式來理解社會行動，因此，日本的祭典就顯得過於靜默了些。平日向外來的神明祈禱時，人們會細細述說心願，甚至鄭重地獻上書寫的願文，但當祭典主神是自己家鄉或氏族的神明時，他們卻只是默默地站在儀式的庭場上，靜聽那些千年前的古老祝詞——這些話他們幾乎無法理解。然後，只是小口啜飲幾滴神酒便神色輕鬆地離開，彷彿滿心喜悅地表示「祭典順利結束了」。

對那些只做表面觀察、只以旁觀者身分來「看熱鬧」的人而言，也許會懷疑：「這樣也算是祭典嗎？」甚至很多人認為，在日本，所謂的祭典早已淪為既無祈願、也無感謝，只剩下空洞儀式的形式主義。但我不這樣看。這其實是自古以來一貫的樣貌，既不是退化，也不是形式化的結果；甚至可以說，後世還曾嘗試將它變得更為隆重，反倒是多此一舉的修飾。

只要稍作思考就會明白，能順利完成祭典是一件多麼值得歡喜的事，即使在極為困難的年分裡，人們也不會讓祭典中斷。就連旅居他鄉的人，也計算著日子、設法趕回家參加祭典。這樣的祭典，若非出自內心深處的真切渴望，若非具備精神層面的重大意義，是絕對無法單靠習俗的力量而長久持續下去的。

如果要用簡單的話來解釋，那便是——我們只是「不擅言語表達」罷了。神明比人類更加了解每戶人家的歷史。每位氏族子弟，在出生那天便已與神明見面了。神明對他們的願望與期盼甚至比本人還更清楚。因此，從人之常情來看，祭拜本地神明時，反而無需像對外來神明那樣特地自我介紹，只需遵守潔淨與齋戒的規矩，以沉默而虔敬的態度行禮，就足以傳達出無限的信賴之意了。

即使環顧其他宗教，「神與人之間的約定」幾乎就是信仰的根本，而在日本，這份約定之意極為深厚、悠久，甚至昇華為尊貴而親密的情感。我個人雖不完全贊同「神是祖靈力量的融合」這一觀點，因為要證明這一點便會涉及許多爭論與例外，這裡就暫且不論。但至少可以說，神明懷有的慈悲與同情，與祖先對後代的情感極其相似。同時，以神的嫡系子孫擔任神主，負責主祭，讓其他氏人安心信賴地把神祭託付給他，這種事在古代文獻中屢見不鮮，即使到了近世也並不少見。

日本的傳統制度中，信仰、政治與經濟本就是緊密相連、互相牽引而發展的。這與後來從海外引進的制度有明顯的差異，因此，我們不必特意強調「政事即祭事」這樣的命題。

然而，隨著社會日益複雜，種種社會功能也未必總是朝同一方向、以同樣步調推進。例如，氏族成長到極其繁盛時，往往會逐漸分化細裂，強弱懸殊，甚至彼此產生矛盾與衝突，這時候，統御方式便不得不加以改變。而當人口流動越來越頻繁，不同氏族間的交流也自然變得更密切。以往孤立的信仰形式無法再維持下去，於是越來越多的神明開始由異姓氏的人來祭祀。這種轉變，根本不必等到新國家的統一政令就會發生了。

我們只需正確地理解這些歷史事實，並在這個確實的認識上建構未來的國家政策。為此，我們有必要重新審視這兩者——政治與祭祀——之間的關係，尤其應該從祭祀這一邊重新加以探討才對。

我認為，日本這個舉世無雙的神國，其祭祀制度最重要的原則，就是「承認」。朝廷親自祭祀的國家祖廟與大社，自然應受到全民無限的崇敬，這點無庸置疑；但與此同時，臣民們代代祭祀的地方神社，也都一一獲得正式的承認，其中若干最具代表性的神社，更在祭典之日迎來勅使，或由官府、國司奉上供品與祭幣。

這樣的方針，即使在武家封建時代也不曾中斷，到了復古思潮盛行之際，更看到官府認可的範圍大幅擴展。於是，日本國民的精神文化得以在這樣的背景下統一。從未下達「必須祭拜某神」、「必須更改某種祭祀形式」的命令，天下卻能因此相安無事，這實在是一件值得深思的事。

當然，根本的共識與天然的共通性使人們之間少有爭執，這點也是一種幸運。但即使在過去曾憂心外來神明帶來災厄的時代，天皇仍諭令「應交由信仰者自行處理」；而今的憲法也明文保障信仰自由，並未明確設立國教。這一切，都是日本對信仰寬容、尊重的體現。

我們的祭祀是為了祈願，也為了感恩神明垂聽這些祈願。我們相信，神明擁有聖賢所無法企及的功德與力量。因此依照一般定義，這便是一種信仰，甚至可說是一種有脈絡的宗教。

不過，國家之力所支持的，只是對神明崇高地位的公開承認，除此之外，全部都是國民自身的信念，自上古以來從未間斷，並且持續至今。如果這樣的祭祀只是為了個人與家族的私利私欲而排斥他人、悄悄祈禱，那麼早就像其他宗教一樣分裂為多個宗派，甚至互相對立，國家也就無從一視同仁地加以尊崇。

我們可以引以為傲的是，日本的祭祀始終以集體的公共祈願為中心。當村裡能在旗幟與燈籠上書寫文字之時，常見的祈願便是全村平安、五穀豐登，甚至進一步祈求天下太平、日月光明。而這樣的祈願，村中無人不與之同心。

如果將這點歸功於社會教育的引導，我也毫無異議。正因為這種良善的本質根植人心，即使氏族制度式微，它的凝聚力仍由部落繼承延續；即使擔任神主的本家沒落，也會另請神職接續祭祀，至今仍有地方將這些人尊稱為「神主先生」。

然而，有一點令人擔憂：神社獲得官府承認，與神職由官府任命，原本是兩回事，卻常因前者被視為莫大光榮，導致後者也被誤認為理所當然，甚至讓人以為祭祀本身就是官府的事務。更深入來說，人們往往將大祭以外的例祭視為私人祭祀。這種混淆，我認為是有害的。

尊神敬神，一直是日本神祇政策的根基，同時也是國民間珍貴的美德。正因如此，全國的信仰得以統一與和諧。然而，即使外在的承認再怎麼周到，也不能取代真正的祭祀。早在《貞永式目》[6]以來，便有「神因人之敬而加其威德」的信條，但我們的祭祀之所以能夠凝聚全民信仰的心意，正是因它一貫追求公共福祉、純粹無私的精神。

不過，在我們尚未清楚察覺之際，這種祭祀的根本精神已經悄然改變。首先，開始有人向氏神祈求個人願望，甚至是難以啟齒的私心，而不再透過神主的中介；也就是私祭漸漸模糊了內外祭祀的界線。其次，越來越多人無法遵守部落內部祭典的共同謹慎規範。雖然齋戒潔淨的規範日益寬鬆，但仍有對於「不潔」的忌諱感，因此人們不免開始懷疑：那些基於神與人的默契而長久蒙賜的恩澤，是否還持續存在？

在我國固有的信仰傳統中，這無疑是一場嚴重的危機。同時，也似乎有些人認為，只要不斷強調「敬神」這項歷史悠久的國是，就能長久支撐起神國的傳統。那麼，如果不至於陷入流於形式的虛禮，也算是不幸中的萬幸了。

我想對像各位這樣的下一代有識之士說明的是，時至今日，恐怕全國仍有三分之二以上的國民（而在過去幾乎是全民）都各自祭拜著所屬的神明。他們遵循一定的儀式，篤信沉默的祈願終將獲得神明垂聽，從而保有內心的安寧。這一點，無論如何都是我們必須承認的事實。但這些祭祀方式，如今卻一點一滴受到外部力量的侵蝕與破壞。

如同我在前一章提到的，「參拜」一詞中的「參」原意是「參列」，是指前往神前的祭場靜坐列席。因此，參拜的人理所當然必須事先齋戒潔淨，否則不會出現在神明面前。即使有人無參拜之意，或自覺不具備資格而選擇退避，也是出於謹慎，也可視為一種敬神的表現。

反觀近來人們的觀念卻起了變化。即使身染穢污、不應通過鳥居的人，也彷彿不在神社前稍作停留、脫帽行禮，就會被視為無禮之徒般。這種只是一再重複的簡略拜禮，其實是「參詣」這種昔日信仰習俗的殘影，人們偶然經過神社外圍，但沒空從頭到尾參與祭典，只能在路邊稍作停留，草草以所謂「柴手水」[7]的方式略作淨身，拜一拜就走

6 譯註：日本鎌倉時代於貞永元年（一二三二）由鎌倉幕府執權北條泰時制定的武家政權法律。

7 譯註：一種簡略的、臨時性的淨手方式，也就是在沒有淨手設施「手水舍」的情況下，以柴枝等來淨手，形式大於實質。

人了。

過去，信仰與敬神之間的界線仍清晰可辨，因此還能接受這種形式化的參拜行為。但是，一旦這樣的做法被視為公眾人物平常的禮儀舉止，甚至連負責祭典的人也認為「這樣就夠了」，不僅祭典的外在儀式樣貌很快就發生改變，連內在的感受也漸漸受到影響。結果，前來觀禮的群眾彷彿成了祭典的主角，而觀眾稀少的祭典則變得極其冷清寂寞。

如果有人以為自古來便是如此，那真是大錯特錯了。什麼立正、脫帽之禮，其實都不是古來舊俗，而是近代西裝文化的產物。如果說過去的信仰，即使只有一部分，也深深融入了我們今日所見的國民文化特徵之中，那麼，當這樣的信仰面臨轉變之際，我們就不應該冷眼旁觀、視而不見。

當然，要斷言這種變化是好是壞並不容易。是社會變遷所致，無可避免？還是明明有其他選擇，卻未能及時自省？連我至今也無法輕易下結論。但至少有一點我可以確定：我不是漠不關心。

社會大眾的冷漠，某種程度上說來，不過是出於無知罷了。因為那種「自我認識」的學問，如今正處於極度萎縮的狀態中。

編按

在瞬息萬變的現代社會，我們對周遭事物的理解總易於停留在表象，許多看似無奇的日常作為，背後卻蘊藏著深厚的歷史與文化智慧。《日本的祭典》正是引領我們揭開這層面紗的鑰匙。

柳田國男，是以細緻田野觀察與深刻歷史意識聞名的學者，其研究重心更有一大部傾注於祭典。他深知，在一個由無數島嶼組成、在列島上成形的日本國瀕臨劇烈變革之際，那些世代相傳的祭典文化正如碎片般面臨散失的危機。因此，他憑藉強烈的使命感，展開大規模的採集與編撰工作，試圖喚醒並記錄自古以來深植於日本人生活中的「羈絆」——那不僅限於人與人之間，更擴及人與神、人與動物、植物、礦物，乃至於森羅萬象的一切存在之間的連結。祭典，在柳田眼中，正是讓所有羈絆得以重生的關鍵。

本書原是柳田國男在大學講授的課程精華，他以平易近人的方式，向理工、農學、醫學等多領域的學生，描繪了祝祭的邏輯。他深入淺出地解釋，祭典如何從「神明降臨」的儀式開始，透過豎立聖樹、淨化迎神之地，開啟兩個世界的交通。而參與者則透過「物忌」與「精進」乃至「籠居」等一系列的淨化過程，預備與神明共食。那不僅是一場單純的饗宴，更是神與人透過食物的共享，達成無形且神祕的融合，進而使生命連結獲得強化的神聖時刻。在神人共感之中，歌舞應和，天地萬物彷彿也齊聲共鳴——這份融會貫通的體驗，也讓柳田國男將祝祭視為語言、音樂、舞蹈等藝術的起源。

透過柳田國男的引導，我們得以重新審視祭典在當代社會的意義。這不僅是日本歷史與文化的珍貴檔案，更是對人類信仰本質的深刻反思。祭典，作為一種「形塑社會與信仰的日常儀式」，不僅描繪了日本各地豐富多樣的實態，從其淵源、儀式、會場標誌到供品神主等細節，更揭示了它如何形塑了日本人的思想、道德觀念與社會秩序。

閱讀本書，不只學習了日本民俗學的知識，更得以重新理解何謂「常識」、何謂「信仰」，以及何謂與土地共生共鳴的生活哲學。本書的價值超越了地域與時間，提醒著人們：在快速變動的世界中，那些看似古老的儀式與習俗，或許正是找回內在連結、重塑社群關係的重要啟示。亦引導人們思考，人類如何透過這些儀式，與自然、與彼此、與未知的力量建立永恆的對話。

國家圖書館預行編目資料

日本的祭典 / 柳田國男 著；林美琪 譯.
一初版.一 新北市：遠足文化事業股份有限公司，2025年9月
320面；12.8×18.8公分
譯自：日本の祭
ISBN 978-986-508-374-8（平裝）
1.民俗 2.祭禮 3.日本
538.831　　114008400

日本の祭

日本的祭典

作　　者　柳田國男
譯　　者　林美琪
責任編輯　賴譽夫
封面設計　蔡南昇
排　　版　L&W Workshop

編輯出版　遠足文化
行銷企劃　張詠晶
行銷總監　陳雅雯
副總編輯　賴譽夫
發　　行　遠足文化事業股份有限公司（讀書共和國出版集團）
23141新北市新店區民權路108之2號9樓
代表號：（02）2218-1417　傳真：（02）2218-0727
客服專線：0800-221-029　Email：service@bookrep.com.tw
郵政劃撥帳號：19504465　戶名：遠足文化事業股份有限公司
網址：http://www.bookrep.com.tw

法律顧問　華洋法律事務所　蘇文生律師
印　　製　韋懋實業有限公司
初版一刷　2025年9月

ISBN　978-986-508-374-8
ISBN　978-986-508-372-4（EPUB）
ISBN　978-986-508-373-1（PDF）
定　　價　380元
著作權所有・翻印必追究　缺頁或破損請寄回更換
特別聲明：本書言論內容，不代表本出版集團之立場與意見。
Edition published by Walkers Cultural Co., Ltd. All Rights Reserved.

最新遠足文化書籍相關訊息與意見流通，請加入Facebook粉絲頁
https://www.facebook.com/WalkersCulturalNo.1